UN MES DE MEDITACIONES

Inspirada por Santa Teresa de Avila

Michael Dean

Primera Edición

Arts and Sciences Publishing
Frederick, Maryland

UN MES DE MEDITACIONES

Inspirada por Santa Teresa de Avila

Arts and Sciences Publishing
9329 Elgin Lane
Frederick, MD 21704 U.S.A.

All rights reserved. No part of this book may be reproduced or transmitted in any form or by any means, electronic or mechanical, including photocopying, recording or by any information storage and retrieval system without the permission from the author, except for the inclusion of brief quotations in a review.

Copyright © 2014 by Michael Dean

ISBN-10   0-9786907-1-0
ISBN-13   978-0-9786907-1-7

Primera edición 2015
Impreso en los Estados Unidos

Dean, Michael
UN MES DE MEDITACIONES

Includes bibliographic references

Cover illustration by Annadel Hogen contracted through 99designs.com.
Illustrations by Metka Ravnik are from the series "Inner Visions".

Dedicación

Para mis pastores y mi familia.

Indice

Que es Meditación?	**7**
El Estrés y el Mundo Moderno	**8**
Meditación 1	**10**
Sobre Respiración	**14**
Meditación 2	**16**
Sobre la Visualización	**22**
Meditación 5	**24**
Sobre la Concentración	**28**
Meditación 7	**30**
Pensamiento Final	**84**
Apéndices	**88**

*No se va a decir: "Aquí está", o "Allí está";
porque el reino de Dios ya está entre ustedes.*

Jesús de Nazaret
Lucas 17:20-21

*Yo no puedo entender cómo puede haber
humildad sin amor, ni amor sin humildad,
ni es posible que estas dos virtudes, estén
desarraigadas de todo lo creado.*

Santa Teresa de Avila
Camino de Perfección, XXV

¿Qué es Meditación?

La meditación es un arte antiguo. Es usado para explorar el mundo espiritual y para alcanzar estados mentales alterados; aún la meditación está más asociada con religiones de Asia (Budismo, Hinduismo, Taoísmo entre otros) acerca de la meditación se describe también en la Biblia.

Y había salido Isaac a meditar al campo, a la hora de la tarde; y alzando sus ojos miró, y he aquí los camellos que venían. Génesis 24:63

Entre los Cristianos, la meditación es más utilizada por los monjes y las monjas; pero muchos católicos usan el Rosario, con el cual realizan un tipo de meditación. Con el rosario, las oraciones son repetitivas, ya que la persona no necesita pensar, es automático y las repeticiones del Rosario sirven para enfocar la mente en las oraciones y para olvidar el mundo exterior.

Pero cada persona de cualquier creencia puede usar la práctica de la meditación para relajarse, reducir el estrés y conocer más sobre el mundo espiritual.

El Estrés y el Mundo Moderno

Todas las personas sienten estrés en sus vidas y en tiempos de peligro, el estrés nos pone en acción, pero en este mundo muchas personas están sufriendo de estrés crónico. Cada día está lleno de actividades y obligaciones. Creemos que no hay tiempo para el altar, disfrutar, orar y muchas otras actividades. No saben como relajarse.

La meditación es una técnica para relajarse y para reducir el estrés. Es un tiempo que puede ser sólo minutos para olvidarse de los problemas de la vida y conocer un mundo en nuestro interior. La meditación puede reducir el estrés, la ansiedad, la depresión y reducir la hipertensión.

Este libro describe una serie de meditaciones, una por cada día, durante un mes. Si usa estás meditaciones de diez a quince minutos, una o dos veces cada día, va a sentir un cambio en su vida. Cada meditación está basada en los escritos de Santa Teresa de Ávila, una famosa monja, mística, y autora de viviendo en España durante el Siglo XVI. Aunque Santa Teresa fue católica, sus palabras tienen un mensaje para todos los cristianos o personas de otras creencias.

Reserve un tiempo en un lugar tranquilo. Lea cada meditación y practique esto de 10 a 15 minutos en la mañana y también en la tarde o noche. También puede usar cualquier otra meditación cuando está caminando, esperando por algo, durante una pausa durante el día o en un momento de estrés insoportable.

Mes de Meditaciones

Meditación 1. La Respiración

Porlo que yo puedo entender, la puerta para entrar en este Castillo es la oración y meditación, ...

Santa Teresa de Ávila
Castillo Interior o Las Moradas
Las Primeras Moradas, ix

Cierre sus ojos
Respira profundo
Cuenta 1, 2, 3, ... 10
Con cada respiración
Trata de pensar sólo en
      inhalar y exhalar

Con cada respiración profunda, imagine que al inhalar absorbe paz y tranquilidad.

Imagine que cuando exhala su estrés está saliendo poco a poco. Que sus músculos están relajandose. Su cuerpo no puede vivir ni un minuto sin aire, es gratis. No necesitamos preocuparnos por el aire, siempre está allí. Casi nadie piensa en el milagro que es el aire. Cada célula de cada parte de nuestro cuerpo necesita oxígeno durante cada minuto de la vida. Respecto a esto somos iguales a cada persona o criatura en este mundo. Piense en esto durante sus respiraciones, llena sus pulmones despacio pero profundamente.

Al principio de su práctica de meditación, su mente va a seguir pensando en otras cosas, posiblemente después de solo 1, 2 o 3 respiraciones está bien y es normal. En ese caso cuando su mente está pensando en otras cosas regrese a contar otra vez sus respiraciones- 1, 2, 3, ... 10.

IK' - El Glifo Maya que representa, aliento, vida o viento.

Con esta práctica puede dejar de pensar en sus "problemas" o de cualquier otra cosa que pertube en su vida y empieza a caminar por el "sendero invisible". Practique esto cada día por una semana. En la mañana antes de empezar el día en la tarde antes de comer en la noche antes de acostarse, o en su cama si tiene problemas para dormir.

Pero durante el día si siente estrés al esperar en una fila, en el tráfico esperando por transporte o a alguien- cierre sus ojos por un momento toma 2 a 3 respiraciones profundas y piensa que la paz está entrando a sus pulmones, y el estrés está saliendo por su boca, con ésta práctica puede reducir el estrés un su vida.

Otro uso de esta calma es durante períodos en que se encuentra enojado. Casi nunca hacemos acciones buenas cuando estamos enojados. Si está a punto de hacer algo dominando por el enojo, deténgase un momento, respire profundo, cuenta hasta diez y va a prevenir acciones perjudiciales.

Sobre la Respiración

Una de las claves de la meditación exitosa es respirar correctamente. Aunque todos los seres vivos estamos respirando en todo momento lo que sucede en muchas personas es que no están respirando de la manera correcta para alcanzar mayor efectividad.

Cada parte de nuestro cuerpo necesita oxígeno a cada minuto y así también necesita expulsar el dióxido de carbono por eso necesitamos respirar constantemente. Cuando estamos cansados y tenemos fatiga la reacción de nuestro cuerpo es bostezar, pero con una adecuada respiración podemos sentirnos mejor, tener más energía y mejorar nuestra salud.

Para respirar bien debemos colocarnos de forma erguida y llenar nuestros pulmones completamente de aire. Cuando haga esto correctamente va a sentir como si le creciera el estómago porque se usa el diafragma. Hágalo de la siguiente manera:

- **Tome tres segundos para llenar los pulmones.**

- **Deténgase por dos segundos,**

- **Y exhale el aire lentamente por cinco segundos expulsando todo el aire de sus pulmones.**

Haga repeticiones de 5 a 10 veces antes de empezar una meditación o cuando se sienta cansado, con estrés o simplemente cuando necesite más fuerza.

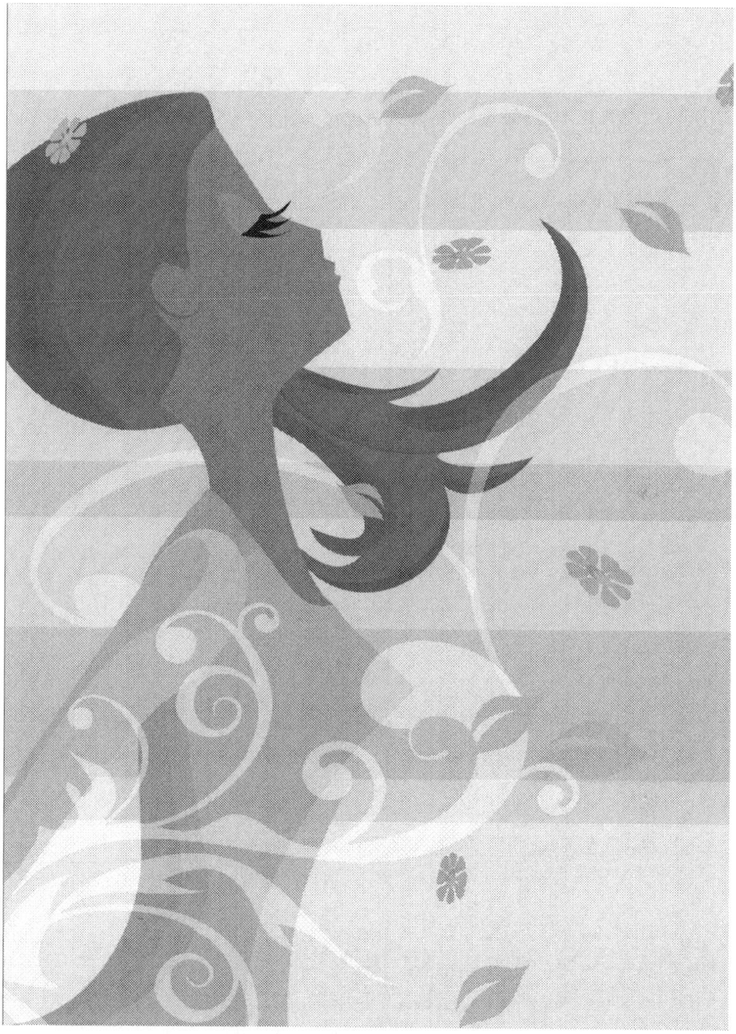

Meditación 2. Mirando Internamente

Cierre sus ojos y póngalos en usted mismo y mire interiormente. Hallará a su Maestro, Él no le fallará, de hecho, la menor comodidad exterior que tiene, le causará mayor alegría.
Santa Teresa de Avila
Camino de Perfección, XLVIII

**Cierra sus ojos
Repite en su mente,
Una sola palabra,
Como, 'paz, paz, paz …'
'Amor, amor, amor …'
'Dios, Dios, Dios …'**

En el Budismo, mantra es una sola palabra o una frase corta que se repite durante la meditación. La idea es acostumbrarse a dejar de pensar en el mundo exterior y hacerlo sólo en el mundo espiritual. También puede usar una línea de alguna oración como 'bendito sea tu nombre' y repetir esto.

Haga esto en la mañana antes de comenzar el día, descubrirá que después de muy poco tiempo su mente se olvidará de repetir la misma palabra o frase y empezará a pensar en otras cosas, pero no se desanime, si se encuentra pensando en cosas del mundo o de sus problemas vuelva a repetirlo. Si su mente está vagando en cosas extrañas como sueños está bien ya que es normal.

Hay pensamientos muy ligeros, que no permiten concentrarse en determinadas cosas, sino que siempre están desasosegados, y en los extremos, que si quisieran detenerse a pensar en Dios, se elevan a mil vanidades y frivolidades y nos hacen dudar de la fe.
Santa Teresa de Avila
Camino de Perfección

También habrá períodos en que la meditación será fácil y en otros momentos la concentración será difícil.

Uno de los síntomas del estrés es la dificultad al dormir, o sea el insomnio. Si tiene problemas al dormir realice está meditación (u otra) cuando esté en la cama. Esto le va a ayudar a relajarle y a dormir.

By Metka Ravnik from the series *Inner Visions*

Meditación 3. Amor.

Si quieres proceguir en el sendero y subir a los lugares que anhelo, la cosa importante es de no pensar tanto, sino amar mucho, y hacer que le despierte el amor.

Santa Teresa de Avila
Castillo Interior, o Las Moradas
Las Cuartas Moradas, i.7

Cierre sus ojos
Piense en todas las personas que le aman, una cada vez
Imagine dando todo ese amor a una persona que tiene dolor, una enfermedad, problemas
O sencillamente piensa en una persona específica, en un país o en el mundo entero

La idea de la meditación es acostumbrarse a pensar en lo que tenemos, como el amor de muchas personas y el amor de Dios. Si entendemos que existe una fuente, un faro de amor, entendemos que somos parte de algo más grande. Así es más fácil dejar de pensar en nuestros problemas insignificantes y buscar oportunidades de dar y recibir amor.

También una de las cosas más importantes del progreso espiritual es proyectárse hacia otras personas que le ayuden a crecer y fortalecer su espíritu, por ejemplo usar nuestras oraciones para pedir a Dios cosas para nosotros, esto no es muy útil. Es preferible usar nuestras habilidades y tiempo para el beneficio de otros y entregar nuestra vida para el servicio y así lograr llenarnos de un potencial más grande.

Otra forma de meditación relacionada con esto es cuando se está caminando, decir y repetir en varias oportunidades las siguientes frases:

- **Te amo Señor**

- **Gracias Señor; o aplica lo siguiente:**

- **Piensa menos y Ama más.**

Si caminas a un ritmo regular y simultáneamente repite éstas frases, se le hará costumbre en su forma de pensar y eventualmente la frase podrá repetirse en su mente aún sin pensar en ella. Por cierto también puede sustituirla por cualquier otra oración breve.

Si tomas un paseo de 15 a 30 minutos repitiendo esta frase, va a sentirse mejor, lleno de gratitud y amor.

Meditación 4. El Castillo Interior

Piense en nuestra alma como un castillo, todo de diamante o de muy claro cristal, donde hay muchos aposentos, así como en el cielo hay muchas moradas.

Santa Teresa de Avila
Las Moradas o el Castillo Interior
Las Primeras Moradas, ii

Cierre sus ojos
Imagínese al lado de una puerta
  de un castillo magnificente de cristal
Con reverencia entra al castillo
Se pone de rodillas y repite su oración favorita

Esta imagen del castillo de cristal o del castillo interior, es una maravilla de toda la historia. En su libro *'Las Moradas o el Castillo Interior'*, Santa Teresa describe una forma para reunir nuestra alma con el centro del Espíritu. La meta de este libro es hacer que usted conozca los escritos de Santa Teresa para que pueda buscarlos por sí mismo.

Imaginase que antes de que entres en el castillo le hagan una purificación, puede ser una oración o la autorización de entrar colocándose una toga blanca y pura o que dicha purificación sea a través de lavarse con agua como lo hacía Aarón el hermano de Moisés antes de su entrada al Templo.

Luego llevarás a Aarón y a sus hijos a la entrada de la Tienda de reunión, y los bañarás.
Éxodo 29:4

Después de que entre a su castillo, imagine que encuentra un altar; arrodíllese ante ese altar.

-Realice una respiración profunda y aparecerá una vela iluminada.
-Realice otra respiración profunda y aparecerá otra vela iluminada.
- Realice una vez más una respiración profunda y aparecerá otra vela iluminada.

Con esta luz usted está listo para explorar las salas del primer nivel del castillo.

Sobre Visualización

Lo más critico de la meditación es poder concentrarse en cosas interiormente y poder visualizarlas. Este proceso es diferente para cada persona pero es algo que con práctica, cada persona puede aprender y usar no solo para explorar el mundo interior sino para hacer cambios en su vida.

Al principio muchas personas no van a lograr 'ver' mucho ya que uno necesita alcanzar a un estado de pensamiento especial. Pero se hace más fácil en la mañana cuando uno está empezando el día y recién levanta de su cama. Lo que necesita es practicar esta técnica por algunos minutos cada día de mirar la forma sencillo siguiente:

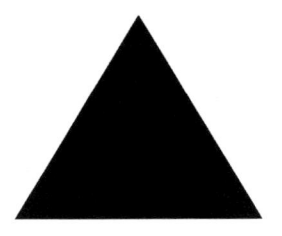

i

Cierre sus ojos y trate de imaginar la forma. Si no puede por el espacio de segundos lo que debe hacer es fijar su mirada otra vez en la imagen. Con práctica uno puede hacerlo cada vez mejor.
También probablemente no vas a 'ver' un castillo brillante a la primera vez de realizarla, pero puede decir en su mente:

Estoy mirando un castillo de cristal es brillante y en él está un sol que está seleccionando todo esto maravillosamente. Es la cosa más bello que uno puede imaginar...

Y así no importa exactamente que pueda ver en el ojo de la mente, porque está concentrando sus pensamientos interiormente. Está olvidando por segundos lo del mundo exterior, sus problemas, preocupaciones, deberes y cosas por hacer, etc.

By Metka Ravnik from the series *Inner Visions*

Meditación 5. La Abeja y las Flores.

Que nuestra humildad siempre labre como la abeja en la colmena, porque sin esto todo está perdido. La abeja a veces sale de la colmena a volar para visitar flores, y así el alma vuela algunas veces a considerar la grandeza y majestad de su Dios.

Santa Teresa de Avila
Castillo Interior, o Las Moradas
Las Segundas Moradas, i

**Cierra sus ojos
Cuando esté relajado,
Piensa que eres una abeja en la colmena y estás con otras abejas.
Imaginase salir volando de la colmena
Para visitar las flores y colectar néctar**

Santa Teresa dice que necesitamos ser humildes. Como las miles de abejas en una colmena trabajan por el bien de todos. En la colmena estamos con nuestros miles de hermanos y hermanas; allí es seguro y hay protección, estamos cómodos, aunque haya ruido de miles de alas y de mucha actividad. Sí, juntos trabajamos en la colmena (el mundo).

Pero frecuentemente necesitamos volar o salir y visitar las flores. En una forma similar nuestra alma necesita salir para olvidar el mundo y volar para contemplar la majestad de Dios. Con cada viaje colectamos un poquito de néctar, futuramente eso sirve para hacer miel. A veces hay muchas flores llenas de néctar y es fácil; en otros tiempos necesitamos volar por mucha distancia para encontrar poco o nada y esto es difícil.

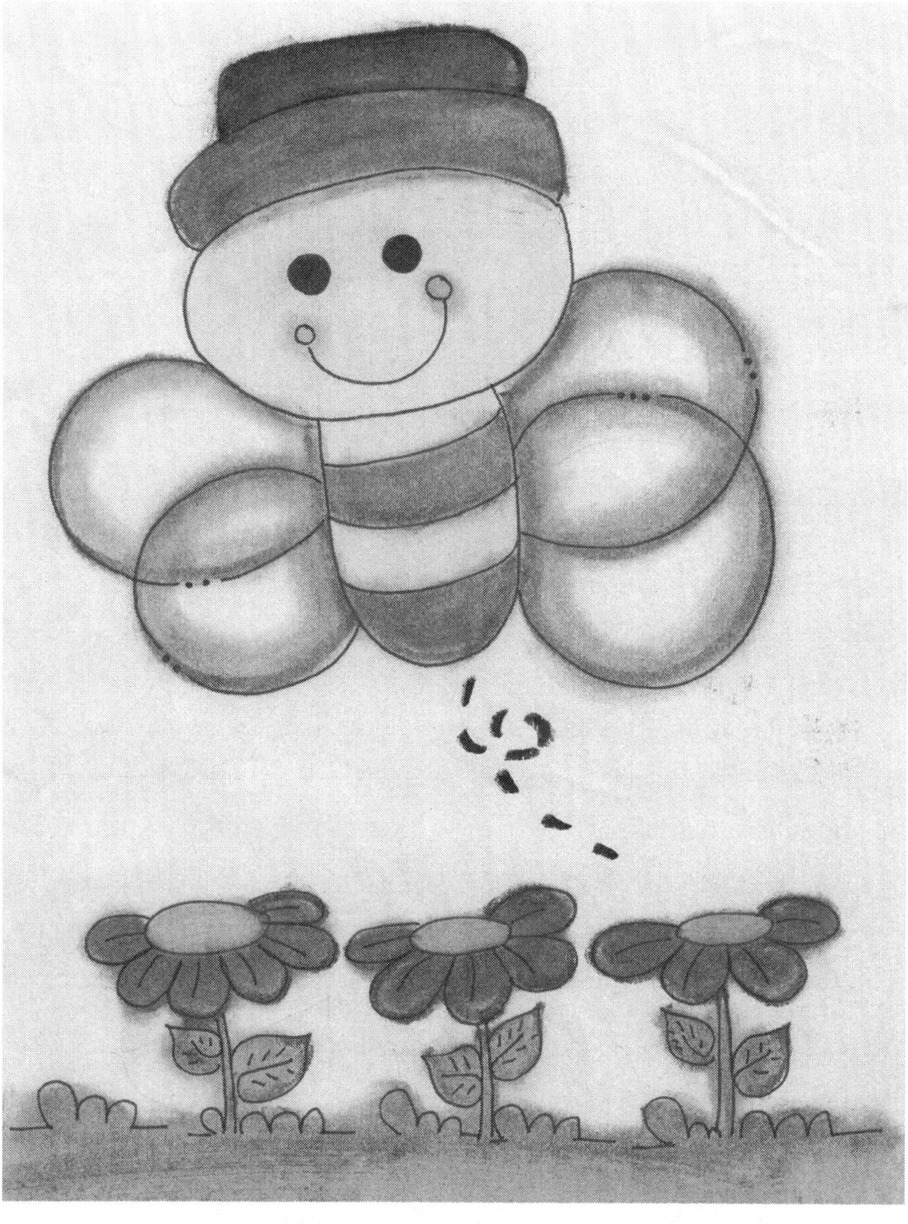

Meditación 6. El Jardín

Necesita pensar que está cuidando un jardín, para que se deleite el Señor. Pero en el principio, es tierra muy infructuosa, y hay muchas malas hierbas. Su Majestad arranca las malas hierbas, y ha de plantar las buenas. Hemos de regar las plantas, para que no se pierdan, que produzcan flores con gran olor, para dar recreación a este Señor nuestro, y así se regresa muchas veces a éste jardín.

Santa Teresa de Avila
Libro de la Vida, XI

Cierra sus ojos
Imaginase en un jardín que representa su alma
Imagine sus oraciones dando nuevas flores

De las imágenes más poderosas de Santa Teresa es la idea de que nuestra alma es como un jardín. Nuestras acciones pueden lograr más belleza en el jardín o lograr el florecimiento de hierbas malas. De esta manera cada acción, palabra o pensamiento tiene un efecto en nuestro jardín. Cuando estamos orando cada día más, pensando de manera correcta y obedeciendo los mandamientos nuestro jardín es más y más bonito.

27

Sobre la Concentración y el Control de los Pensamientos

Acostumbrados a tener un diluvio de pensamientos constantemente en nuestra mente, pensamientos del mundo, de otras personas, sueños del futuro y mucho más.

Lo que pocos saben es que esos pensamientos tienen poder y que podemos controlarlos con práctica y concentración.

Durante la meditación es fácil que su mente se salga de la concentración que está meditando y regrese a las cosas del mundo. Y así es durante el inicio, será muy difícil de concentrarse, pero con práctica uno puede controlar más y más sus pensamientos y dirigirlos a donde uno quiere.

También muchas personas que sufren de depresión y ansiedad se encuentren con la mente llena de pensamientos malos o que no son productivos generando grandes enfermedades y parte de un adecuado tratamiento para estas enfermedades es enseñar al paciente a controlar y cambiar los pensamientos hacia mejores direcciones.

Durante la meditación, cuando la mente está paseando por otros lados simplemente regrese a su meditación, y así mismo con el tiempo va a encontrar más y más larga concentración.

Simultáneamente durante el día si su mente se encuentra pensando en cosas dañinas o no productivas debe cambiarlos por otros pensamientos es decir debe sustituirlos. Puede pensar en una meta que tiene o repetir una oración o sencillamente del amor que siente por otras personas. Y a través del tiempo de meditación notará también que va tener mucho más control sobre sus pensamientos, se sentirá mejor y más positivo.

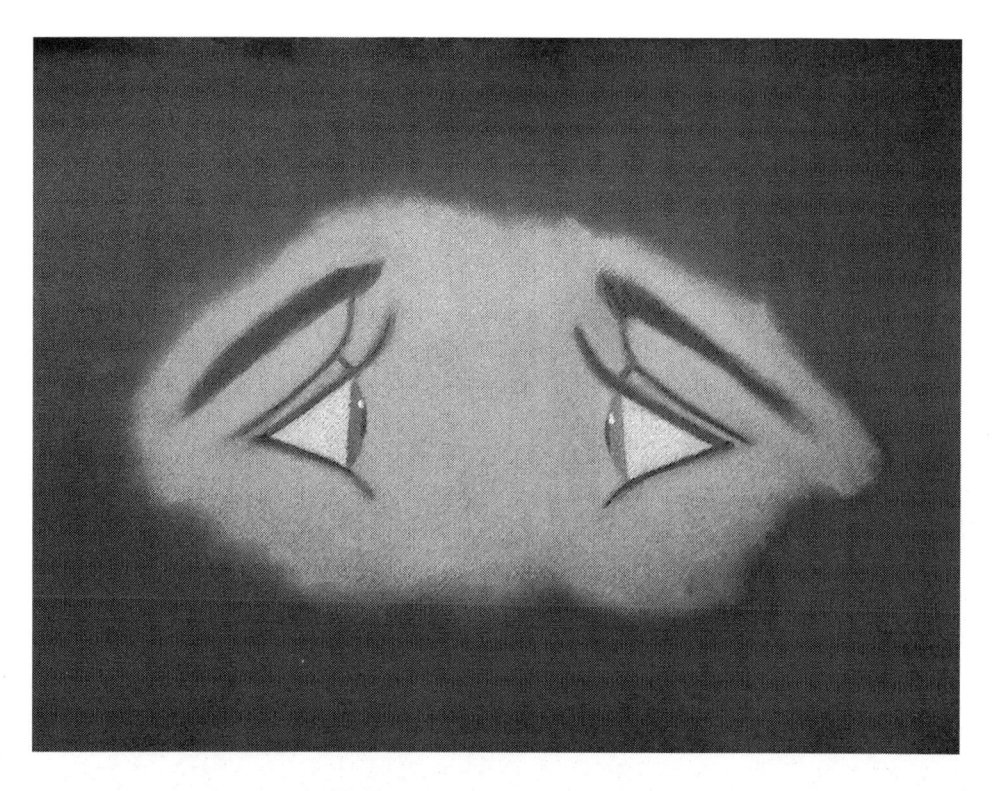

By Metka Ravnik from the series *Inner Visions*

Meditación 7. El Pozo

Pues vemos ahora de la manera que se puede regar, para que entendamos lo que hemos de hacer, y el trabajo que nos ha de costar, si es mayor que la ganancia, o hasta que tanto tiempo se ha de tener. Me parece que se puede regar de cuatro maneras: o con sacar el agua de un pozo, que sea nuestro gran trabajo; o con noria y arcaduces, que se saca con un torno (yo lo he sacado algunas veces), es un menor trabajo que el otro, y se saca más agua;

Santa Teresa de Avila
Libro de la Vida, XI

Cierre sus ojos
Imagínese alrededor de un pozo,
Necesita sacar agua poco a poco para regar el jardín
Sacando un cubo a la vez es algo difícil
Necesita mucha concentración, dedicación y trabajo

Al principio la oración o la meditación pueden ser algo difícil. Existen tiempos secos cuando no hay mucha agua y sacando lo poco que hay esta vale poco. En otros tiempos el mismo pozo estará más lleno y será más fácil.

En otro momento puede imaginarse que tiene una noria y un arcaduz y de esa manera será más fácil de sacar el agua y regar nuestro jardín.

31

Meditación 8. El Río

Podemos regar el jardín con un río o arroyo; esto se riega mucho mejor, pues queda bien mojada la tierra, y no sera necesario regarla tan a menudo y es a menos trabajo mucho del ortelano; o al llover mucho, lo riega el Señor sin ningún trabajo nuestro, y es sin comparación mejor que todo lo que se ha dicho.

Santa Teresa de Avila
Libro de la Vida, XI

Cierra sus ojos
Imagina que su alma en un jardín
Contiene flores, plantas, pájaros y mariposas
Todos ellos necesitan agua
Imagina un río o arroyo pasando a lado del jardín

En la creencia de Santa Teresa hay cuatro niveles de oración (cuatro maneras para regar el jardín).

1. Sacando agua del pozo con un cubo
2. Usando un arcaduz u otra máquina para sacar agua
3. Utilizando un río o arroyo a lado del jardín
4. Lluvia del Cielo

Al principio, cuando una persona no esta acostumbrado a orar y es difícil. Esto representa en la oración el pozo y el cubo. Es bastante trabajo para llevar agua del pozo al jardín. Con práctica es más fácil de conseguir el agua representado por el arcaduz un máquina que facilita sacar agua del pozo. Si hay un río al lado del jardín eso será aún más fácil.

Imagínese que su jardín está cerca de un río, la tierra permanece naturalmente más mojada. Para regar su jardín, solo necesita ir al río con un cubo y llenarlo fácilmente.

La meditación, la oración y la contemplación del mundo espiritual necesitan práctica, pero cada semana será más y más fácil. Con meditación regular su mente va a entrar y disfrutar del mundo espiritual más y más naturalmente.

Meditación 9. La Lluvia

Yo les enviaré lluvia a su tiempo, y la tierra y los árboles del campo darán sus frutos;
Levítico 26:4

Que caiga mi enseñanza como lluvia
  y desciendan mis palabras como rocío,
 como aguacero sobre el pasto nuevo,
  como lluvia abundante sobre plantas tiernas.
Deuteronomio 32:2

Volvió a orar, y el cielo dio su lluvia y la tierra produjo sus frutos.
Santiago 5:18

Cierre sus ojos y relájese
Imagina nuevamente su jardín
Imagina la lluvia cayendo del cielo a su jardín

Para Santa Teresa, cada nivel de oración da más y más agua al jardín con menos trabajo. La lluvia representa el nivel de oración más avanzada. La lluvia viene del cielo sin ningún esfuerzo de su parte.

Cuando nos encontramos en un día lluvioso ésta meditación es más bonita de hacer. Cuando las gotas están cayendo en su techo, cierra sus ojos y piensa como la lluvia es un regalo del cielo y sobre todo que es un regalo, o sencillamente toma un paseo bajo la lluvia e imagina el amor de Dios cayendo del cielo para usted.

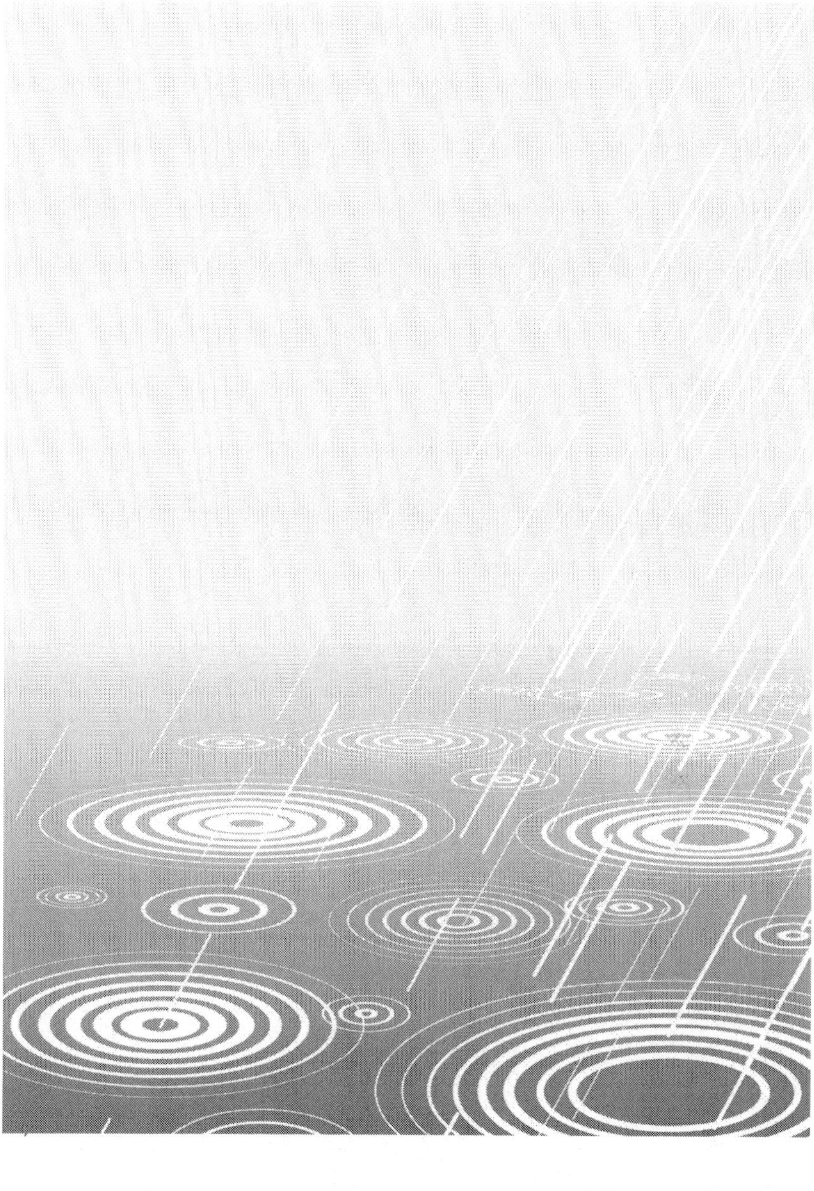

Meditación 10. Las Segundas Moradas

Es muy importante a olvidar, lo más posible, de las cosas y negocios no necesarios, para entrar a las segundas moradas. Eso le importa tanto para llegar a la morada principal que, si no comienza a hacer esto, lo tengo por imposible...

Santa Teresa de Avila
Castillo Interior, o Las Moradas
Las Primeras Moradas, II

Cierre sus ojos
Practica la meditación 4,
    y entra en las primeras moradas
Cuando estés allí tranquilo,
Imaginase entrando más adentro
    en un estado de profunda oración

Un alma orando con sinceridad se encuentra naturalmente en las segundas moradas. Logrando un estado de silencio las cosas del mundo se alejarán de la mente. El cuerpo se relajará completamente.

Puedes imaginar que en la entrada de las segundas moradas hay un capilla, en dicha capilla repites un Padre nuestro antes de entrar.

Aquí Santa Teresa habla más de los requisitos para entrar:

Ahora vengamos a hablar cuáles serán las almas que entran a las segundas moradas y que hacen en ellas. En ese parte del castillo, son los que han ya comienzo a tener oración.
Castillo Interior, o Las Moradas

Será fácil entrar en las segundas moradas. Pero Santa Teresa escribió mucho de los 'peligros' de aquí. Aquí hay muchas culebras y cosas ponzoñosas o venenosas.

En realidad, no hay peligro en la meditación. Una interpretación de esa imagen es que Santa Teresa habla de la lucha entre el mundo físico y el mundo espiritual. Cuando alguien empieza a orar y meditar la mente puede distraerse fácilmente.

Pasando esa parte del Castillo por otras partes más adentro es difícil. Las atracciones del mundo son fuertes pero con determinación, paciencia y fe puedes ignorar "las culebras" y seguir adelante.

Meditación 11. La Pasión

Debemos de pensar en un aspecto de la Pasión... Es el modo de oración en que han de comenzar, y de mediar y acabar todos, y muy excelente y seguro camino hasta que el Señor los lleve a otras cosas sobrenaturales.

Santa Teresa de Avila
Libro de la Vida, XIII

Seis días antes de la Pascua llegó Jesús a Betania, donde vivía Lázaro, a quien Jesús había resucitado. Allí se dio una cena en honor de Jesús. Marta servía, y Lázaro era uno de los que estaban a la mesa con él. María tomó entonces como medio litro de nardo puro, que era un perfume muy caro, y lo derramó sobre los pies de Jesús, secándoselos luego con sus cabellos. Y la casa se llenó de la fragancia del perfume.
Juan 12:1.

Estando Jesús en Betania, en casa de Simón llamado el Leproso, se acercó una mujer con un frasco de alabastro lleno de un perfume muy caro, y lo derramó sobre la cabeza de Jesús mientras él estaba sentado a la mesa.
Mateo 26:6.

**Cierre sus ojos,
Imagina que está la mujer, María
Que está derramando perfume sobre la cabeza de Jesús
En un acto de devoción total**

El ungimiento de Jesús fue un acto de devoción completa y es uno de los hechos más hermosos de la Biblia. En el libro de San Mateo ese evento ocurrió durante la Semana Santa.

En el tiempo de Santa Teresa fue común orar sobre la Pasión de Cristo, es decir de pensar y meditar sobre el sufrimiento del Señor. Pero también hubo momentos lindos durante la Semana Santa como el ungimiento, la entrada celebrada en Jerusalén, la Ultima Cena y su oración en el jardín de Getsemaní.

Entonces podemos meditar sobre esos eventos. ¿Cuál fue la inspiración para esa mujer de comprar ese perfume tan caro, que puede costar el equivalente de un año de sueldo? ¿Cómo se siente esa mujer durante ese acto de devoción? Imagina el olor de ese perfume llenando la casa.

Nosotros tenemos la posibilidad de adorar a Dios cada día con la misma devoción de esa mujer para celebrar la vida de Jesús, para disfrutar de una comunión y para entregar nuestra voluntad al Señor como Jesús lo hizo para el Padre.

Detalle de *Jesús en el Jardin de Gethsemane*
de Pedro Berruguete

Meditación 12. La Cárcel

Digamos ahora el segundo modo de sacar el agua, con un torno y aguaduces. En esta oración, las facultades no se pierden ni se duermen, solo la voluntad se ocupa, de manera que, sin saber cómo, se cautiva; sólo da consentimiento para que la encarcele Dios, como quien bien sabe ser cautivo de quien ama.

Santa Teresa de Avila
Libro de la Vida, XIV

Todo le cansa [un alma que ha tenido unión con Dios], no sabe cómo huir; se ve a si mismo encadenado y preso. Entonces el alma siente más verdaderamente el cautiverio que traemos en nuestros cuerpos y la miseria de la vida. Conoce la razón que tenía San Pablo de suplicar a Dios le librase de ella.

Santa Teresa de Avila
Libro de la Vida, XVIII

Cierre sus ojos
Entra a las segundas moradas del Castillo
Imagina un cuarto con una puerta con barrotes
Entra a ese cuarto e imagina al Señor cerrando la puerta
Usted es un cautivo del Señor

     Esa cárcel, como una cárcel en el mundo no le permite la libertad sino que al contrario está bajo la dependencia de otros. Usted es dependiente de otras personas para todo. Pero en la cárcel del Señor, está en sus manos por lo tanto en el cuidado como la protección de Dios. La diferencia es que usted puede salir en cualquier momento, pero aún mejor es que puede regresar a ese lindo lugar las veces que desee.

La meta de un religioso o místico es estar completamente unido con Dios. La imagen de la cárcel nos ayuda a llegar a este punto, cuando entregamos nuestra voluntad, sólo hay voluntad de Dios.

Puede usar está visión de la cárcel en su vida. Imagínese que durante el día tenga protección completa ante cada peligro, nada puede hacerle daño. Por eso es necesario empezar con meditaciones porque entenderá realmente el significado de las siguientes preguntas, ¿Qué significa para usted ser prisionero del Señor? ¿Cómo se siente en esa cárcel? Recuerda que San Pedro, San Pablo y muchos otros fueron encarcelados por personas del mundo pero siempre Dios estaba con ellos.

Puede ponerse en esta linda cárcel del Señor antes de sus oraciones, estudios bíblicos o antes de los servicios en su iglesia. Esto va a ayudarle a recibir más beneficios de estas actividades. También puede tener ésta hermosa experiencia antes de realizar paseos en el bosque, en la comunidad, antes de un viaje solo en su carro o en el transporte público. Es importante señalar que cuando esté inmerso en esta práctica no puede pensar mal de alguien, hacer algo mal a alguien o decir algo dañino. Sólo puede ver el mundo dentro de los ojos de Dios, donde todo es lindo, importante y sagrado.

Con ésta práctica usted se va a sentir cómodo en las manos de Dios y luego se va sentir incómodo cuando no esté allí. Hace tiempo un día no muy lejano va decirle al Señor. "Por favor, tira la llave de la cárcel, quiero estar aquí siempre."

Meditación 13. La Centellita

La oración de quietud es una centella o chispa que comienza el Señor a encender en el alma el verdadero amor suyo, y quiere que el alma vaya entendiendo qué cosa es este amor como regalo. Esta quietud, recogimiento, y centellita, es Espíritu de Dios. Aun es pequeñita; y si usted no la mata, es la que comienza a encender un gran fuego.

Santa Teresa de Avila
Libro de la Vida, XV

**Cierre sus ojos y relájase
Imagina su cuerpo como un montón de leña y
Viene del cielo una centella de fuego
Poco a poco la centella crece
Hasta que viene una llamita y luego un fuego**

Casi todos nosotros estamos viviendo completamente en el mundo físico, pensando y haciendo acciones de aquí. Trabajando, buscando placeres, preocupados por dinero y otras cosas.

Pero hay otro mundo dentro de nosotros. El Mundo Espiritual, mundo del Espíritu Santo. Este otro mundo está esperando nuestra atención. Esta preparado para recibir simplemente una chispa del fuego.

Para mí ésta centellita fue la experiencia de oír una oración que hizo una señorita joven en Guatemala, en español. Por ésta razón puedo explicarlo porque a pesar de ser una oración en un idioma extraño, ésta tocó mi corazón de una manera diferente y sorprendente. Descubrí una sensación y un fuego nuevo y fue la causa por la cual fui en búsqueda de más.

Exactamente esto le puede pasar a usted su centella puede ser una canción, un versículo de la Biblia, un acto cariñoso de un amigo, un acto suyo ayudando a otra persona o una cosa hermosa del mundo natural. Busca ésta centella, su centella, su chispa de fuego, su centellita. La leña está preparada para el fuego.

Meditación 14. La Tierra y el Cielo

Esto, aunque parece una misma cosa, es diferente de la oración de quietud que dije, en parte, porque allí está el alma que no se querría sumergir ni menear gozando en aquel oleo santo de María. En esta oración puede también ser Marta, así que casi obrando juntamente en vida activa y contemplativa, y entender en obras de caridad y negocios que convengan a su estado, y leyendo libros, aunque al inicio no del todo están sumergido en El con el tiempo espiritual les llevara o otro nivel de crecimiento en sus vidas.

Santa Teresa de Avila
Libro de la Vida, XVII

En casa de Marta y María
Mientras iba de camino con sus discípulos, Jesús entró en una aldea, y una mujer llamada Marta lo recibió en su casa. Tenía ella una hermana llamada María que, sentada a los pies del Señor, escuchaba lo que él decía.

Marta, por su parte, se sentía abrumada porque tenía mucho quehacer. Así que se acercó a El y le dijo:
—Señor, ¿no te importa que mi hermana me haya dejado sirviendo sola? ¡Dile que me ayude!
—Marta, Marta —le contestó Jesús—, estás inquieta y preocupada por muchas cosas,
Lucas 10:38-41

Cierre sus ojos.
Imagina a María como representante de la vida contemplativa y pasiva
Luego piensa en Marta como representante de la vida activa
Pon atención a los dos aspectos de nuestra vida
Nosotros pensamos que si uno no es un monje o una monja, necesitamos vivir en el mundo. Pero no es así nosotros necesitamos un balance entre una vida completamente espiritual - contemplativa

y una vida activa. Pero en ambas hay como dos lados de una moneda- pueden coexistir.

Este punto es por lo que hemos estado usando este libro para practicar una meditación nueva cada día, meditar por un mes. Tener en el camino de la vida una parte contemplativa y poder meditar en esto. ¿Ha visto cambios en su vida? ¿En sus palabras, pensamientos, acciones?

Es necesario entender que Marta fue también elegida por Dios, ella invito a Jesús y sus discípulos a su casa, preparó comida para ellos. Ella estuvo preocupada porque estaba sirviendo a ellos sola sin la colaboración ni ayuda de nadie. Una lección de éste versículo es que una parte importante de la vida es para servir a otros. Es nuestra obligación pero una obligación transformada en una bendición y un placer. Piensa de esta manera y veras grandes cambios en su vida y de qué manera usted puede servir a otros.

Meditación 15. La Joya

No sea tanto el amor, oh Rey eterno, que pongan en peligro joyas tan preciosas. Parece Señor mío, se da ocasión para que se tengan en poco, pues las ponen en poder de cosa tan ruin, tan baja, tan flaca y miserable, y de tan poco como yo.

Santa Teresa de Avila
Libro de la Vida, XVIII

Cierre sus ojos
Obtenga una joya y colóquela en su mano
Mueve la joya en sus manos
Y piensa en la joya como la cosa preciosa que es su vida

Desde los tiempos más antiguos los seres humanos hemos buscado joyas y cosas preciosas bien sea para usarlas, para guardarlas o simplemente para coleccionarlas, éstas son tomadas como joyas preciosas. Pero aquí la joya más preciosa es su propia vida y Santa Teresa está expresando la humildad profunda que existe en todos sus libros. Pero en otro sentido es que dentro de nosotros existe algo precioso, una joya que es nuestra alma, la esencia del Espíritu Santo.

49

Meditación 16. La Avecita y el Nido

Verdad es que al principio casi siempre es después de una larga oración mental, que de un grado en otro viene el Señor a tomar esta avecita y ponerla en el nido para que descanse. Como la ha visto volar mucho rato, procurando con el entendimiento y voluntad y con todas sus fuerzas buscar a Dios y contentarle, quiere darle el premio, aun en esta vida, ¡y qué gran premio, que basta un momento para quedar pagados, todos los trabajos que el ella pueda deber!

Santa Teresa de Avila
Libro de la Vida, XVIII

**Cierre sus ojos
Imagina que usted es una avecita
Volando pero con mucho dificultad
Pero viene una mano grande
Ayudándole a regresar al nido**

Si ha estado orando y meditando por estos 17 días, es una 'larga oración mental'. Ha tenido tiempos fáciles de explorar el mundo interior y tiempos difíciles en que no se podía concentrar. Va a recibir un gran premio por este duro trabajo y dedicación. Sólo con un momento en que lo haya hecho y este consciente del poder interior, el cual paga por todos los trabajos que puede haber en esta vida.

La intención de meditar es de recordarnos que nunca estamos solos. Que hay una fuerza grande en el universo. Que sólo debemos de tratar de conectarnos con esa fuerza. Si empieza a tratar de volar, de salir del nido, del explorar el mundo espiritual, va a encontrar ayuda, una mano grande que va a ayudarle.

51

Meditación 17. El Fuego y la Llama

En la mística Teología se declara, pero no entiendo qué es mente, ni qué diferencia tenga el alma ni el espíritu. Los tres me parecen de lo mismo. Pero sé que a veces el alma es como un fuego que está ardiendo, y hecha llama y algunas veces crece este fuego con violencia. Esta llama sube muy arriba del fuego, mas no por eso es cosa diferente, sino la misma llama que está en el fuego.

Santa Teresa de Avila
Libro de la Vida, XVIII

**Encienda una vela
Cierre sus ojos
Imagina un fuego adentro
Haciendo llama
A veces creciendo con violencia
Pero siempre será el mismo fuego**

Las distinciones de mente, alma y espíritu son complicados. Pero en realidad hay dentro de nuestro ser un fuego ardiendo este es a veces calmado y a veces fuerte. Le invito a que busque ese fuego. A veces es pequeño y débil; pero con práctica puede alimentarlo. Puede ser con una oración, con un versículo en particular, una canción o simplemente en un acto de amor hacia otros.

Durante ésta meditación piensa en momentos cuando se ha sentido cerca de Dios, inspirado espiritualmente, lleno de gozo y alabanza. Imagina esos eventos causando el crecimiento de su fuego a una llama potente y viva.

53

Meditación 18. El Buen Camino

Es verdad que el alma que comienza en el camino de oración mental, y está determinada de no hacer mucho caso si falten los caricias y ternura del Señor, ha andado gran parte del camino.

Santa Teresa de Avila
Libro de la Vida, XI

**Cierre sus ojos
Respira profundo
    dos o tres veces
Relaje su cuerpo,
Cada vez más y más
Vacíe su mente y trate de no pensar en nada**

Es muy difícil de pensar en nada.

Pero con práctica puede dejar de pensar en el mundo.

Al inicio sólo puede 'pensar en nada' por segundos. Cuando esté consciente que está pensando en algo, simplemente regrese y elimine los pensamientos de su mente. Luego con ésta práctica podrá ir incrementando el tiempo de 'pensar en nada' cada día más y más.

Santa Teresa dice; simplemente empezar con el hábito de la oración mental ya es un éxito; que gran parte del camino es la decisión y acción de orar, explorar el mundo espiritual.

Es una actividad que va a durar por toda la vida, pero si llega hasta aquí practicando estas meditaciones regularmente ha pasado la parte más difícil.

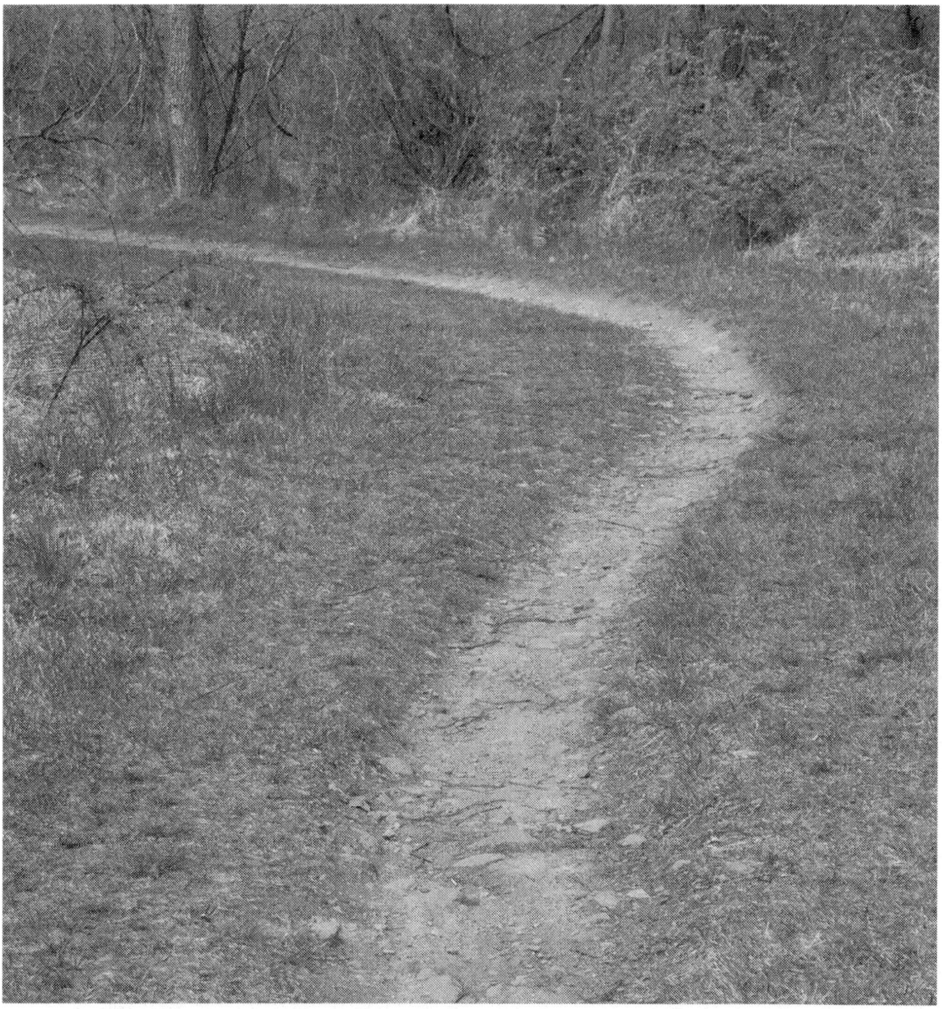

Meditación 19. El Pan Nuestro

El pan nuestro de cada día dánoslo hoy, Señor.
Mateo 6:11

Esta petición de cada día parece que es para siempre. Pensé por qué después de haber dicho el Señor 'cada día". Torno a decir "dánoslo hoy.

Santa Teresa de Avila
Camino de Perfección, LX

Cierre sus ojos
Imagine que tiene mucha hambre
En frente suyo hay una mesa y encima un pan
Piense en las necesidades de la vida que siempre tenemos

La interpretación literal de la frase Padre Nuestro es una petición por la comida que necesitamos cada día. Pero Santa Teresa interpreta que Dios no está diciéndonos que debemos de dar gracias cada día por nuestra comida, pero si por el pan de la comunión. Es decir por nuestra vida eterna.

Este pan está disponible para comer en cualquier momento de cada día. Personas católicas tienen la oportunidad de ir a misa cada día o frecuentemente y recibir comunión. Los demás pueden empezar el día con una oración especial y/o bebiendo un pequeño vaso de agua pensando en el agua que da vida.

57

Meditación 20. El Vino

Ha sido necesario que el Señor de mantenimiento y no agua sino vino, para que emborrachados no entiendan lo que pasan, y lo puedan sufrir.

Santa Teresa de Avila
Libro de la Vida, XXVII

Jesús cambia el agua en vino
Al tercer día se celebró una boda en Canaán de Galilea, y la madre de Jesús se encontraba allí. También habían sido invitados a la boda Jesús y sus discípulos. Cuando el vino se acabó, la madre de Jesús le dijo:
—Ya no tienen vino.
—Mujer, ¿eso qué tiene que ver conmigo? —respondió Jesús—. Todavía no ha llegado mi hora.
Su madre dijo a los sirvientes:
—Hagan lo que él les ordene.
Había allí seis tinajas de piedra, de las que usan los judíos en sus ceremonias de purificación. En cada una cabían unos cien litros.
Jesús dijo a los sirvientes:
—Llenen de agua las tinajas.
Y los sirvientes las llenaron hasta el borde.
—Ahora saquen un poco y llévenlo al encargado del banquete —les dijo Jesús.
Juan 2:1-8

Cierre sus ojos
Imagine que está en la boda en Canaán.
Sonreí, hay razón para una fiesta
Imagine que está María viendo a Jesús y le dice que
      'necesitan más vino'

59

La primera cosa que necesita hacer para tener alegría, es sonreír. El acto de simplemente sonreír es una causa que cambia en un instante su manera de ver la vida y su actitud. Recuerde algo divertido, una broma, una situación o simplemente una persona que le causa alegría.

El primer milagro de Jesús descrito en la Biblia es el cambio del agua en vino en una boda, por las instrucciones de su madre. Es claro que la celebración es importante para el Señor.

Usted puede cambiar cualquier situación sólo con sonreír, celebrar y disfrutar. Hay belleza en cada situación y hay pocas cosas que hacemos que van a ser importante en 5, 10 o 20 años. En algunas religiones la gente piensa en la vida como un sueño de Dios, que nada en este mundo es 'real', todo es ilusión. Lo invito a que piense en una situación que le está molestando o causando preocupación. Sonría sobre eso. Encuentre algún aspecto de la situación que sea bonito o divertido. Tienes la capacidad de cambiar el agua en su vida a un delicioso vino.

El escrito de Santa Teresa tiene un mensaje diferente. Ella habla de las dificultades de la vida espiritual y como en los momentos de sufrimiento el Señor nos da alivio, dándonos vino para llenarnos y aliviarnos, Él nos ayuda en tiempos difíciles.

Meditación 21. La Copa

Digamos que tenemos mucho calor y sed y tomamos una copa de agua fría, nos sentiríamos refrescados.

Santa Teresa de Avila
Libro de la Vida, XXXI

Cierre sus ojos
Imagine que usted es una copa
Una vasija vacía y limpia
Y ahora imagine que alguien está llenando esa copa con vino
Llenándose con agua fría y refrescante

Su mente es una vasija. ¿Con qué va a llenar esa vasija? Puede ser con el Santo Grial, llenado para el beneficio de los Apóstoles. Puede llenarse con amor, alegría, espíritu, generosidad, cariño, amistad, "Agua fría y refrescante" o Agua Bendita. Santa Teresa habla mucho del agua; 'soy tan amiga de ese elemento':

"Hagamos cuenta, para entenderlo mejor, que vemos dos fuentes con dos pilas que se llenan de agua, ...

Estos dos pilones se llenan de agua de diferentes maneras: en uno el agua viene de más lejos por muchos tubos; el otro está cerca del manantial de agua y la base se llena sin ningún ruido ...

El agua que viene por tubos representa las alegrías que se sacan con la meditación. Los ganamos por nuestros pensamientos, meditando en la creación; y esta viene en fin con nuestras diligencias, haciendo 'un ruido' pero haciendo provecho en abundancia para el alma.

En la otra fuente viene el agua de su mismo nacimiento, que es Dios; y así como Su Majestad quiere, con merced sobrenatural, produce una grandísima paz y quietud, suavidad en lo más profundo interior de nosotros mismos;"

Las Moradas O El Castillo Interior
Moradas cuartas, II

Entonces también podemos meditar sobre nosotros como una pila o pilón que puede llenarse de dos maneras. Uno con nuestras meditaciones, oraciones, nuestra devoción y dedicación al entendimiento del mundo interior. O de la segunda manera cuando estamos preparados para recibir por lo natural, cuando es la voluntad de Dios vamos a ser llenados de agua directamente.

Meditación 22. La Atalaya

Aquí está mi vida, aquí está mi honra y mi voluntad; todo a ti lo he dado, soy tuya, dispón de mí de acuerdo con tu voluntad. Bien veo yo, mi Señor, lo poco que puedo; mas llegada a ti, subida en esta atalaya adonde se ven verdades, y si tú no sales de mi lado, todo lo podré.

Santa Teresa de Avila
Libro de la Vida, XVIII

Cierre sus ojos
Imagine que sube al atalaya
Desde allí puede ver más claro
Puede ver verdades

La práctica regular de la oración mental o meditación permite a una persona tener una perspectiva diferente, nueva. Cuando anda más y más adentro del Castillo Interior y está más cerca de la esencia espiritual, dentro de sí mismo, va a ver la vida diferente. Puede ser como estar en una atalaya con la ventaja de ver más lejos que los que estén viendo desde la tierra.

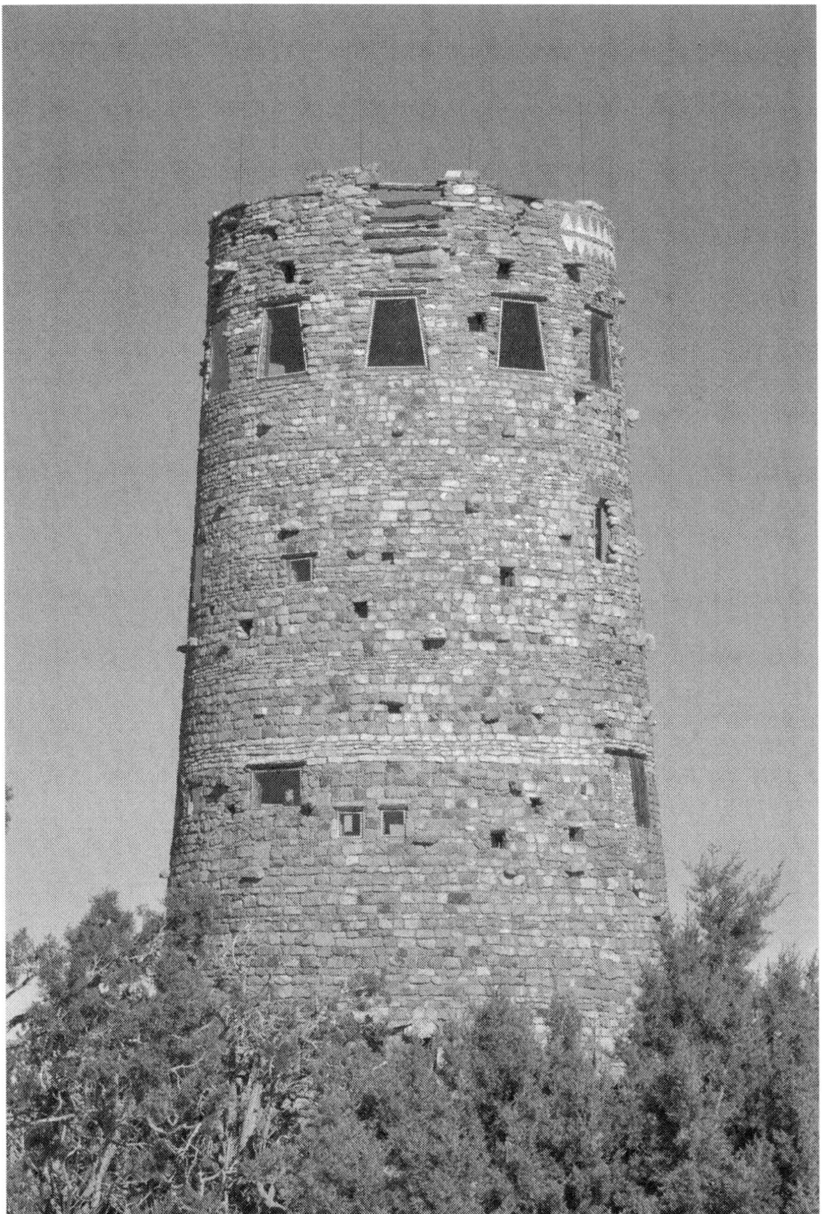

Meditación 23. Moradas Terceras

A los que por la misericordia de Dios han vencido estos combates y, con la perseverancia, entrado a las terceras moradas, … Por cierto, con razón les llamaremos bienaventurados, pues, si no torna atrás, por lo que podemos entender, tiene el camino seguro de su salvación.

Santa Teresa de Avila
Castillo Interior, o Las Moradas
Las Terceras Moradas, i

**Cierre sus ojos
Practica la meditación 4 para entrar en las moradas primeras
Y sigue pasando a las segundas moradas
Imagine que entra a un nivel más profundo
En un lugar donde los pensamientos del mundo exterior no existen**

Las maneras para entrar y lo que va a encontrar en las moradas terceras y más altas son diferentes para cada persona. Dice Santa Teresa que simplemente alcanzando la entrada o pasando a las Terceras Moradas, es una bendición. Es recomendable que siga alimentándose espiritualmente para poder llegar a cada una de estas moradas y para eso necesita leer los libros de Santa Teresa y otros, es una ayuda y guía para un camino más espiritual.

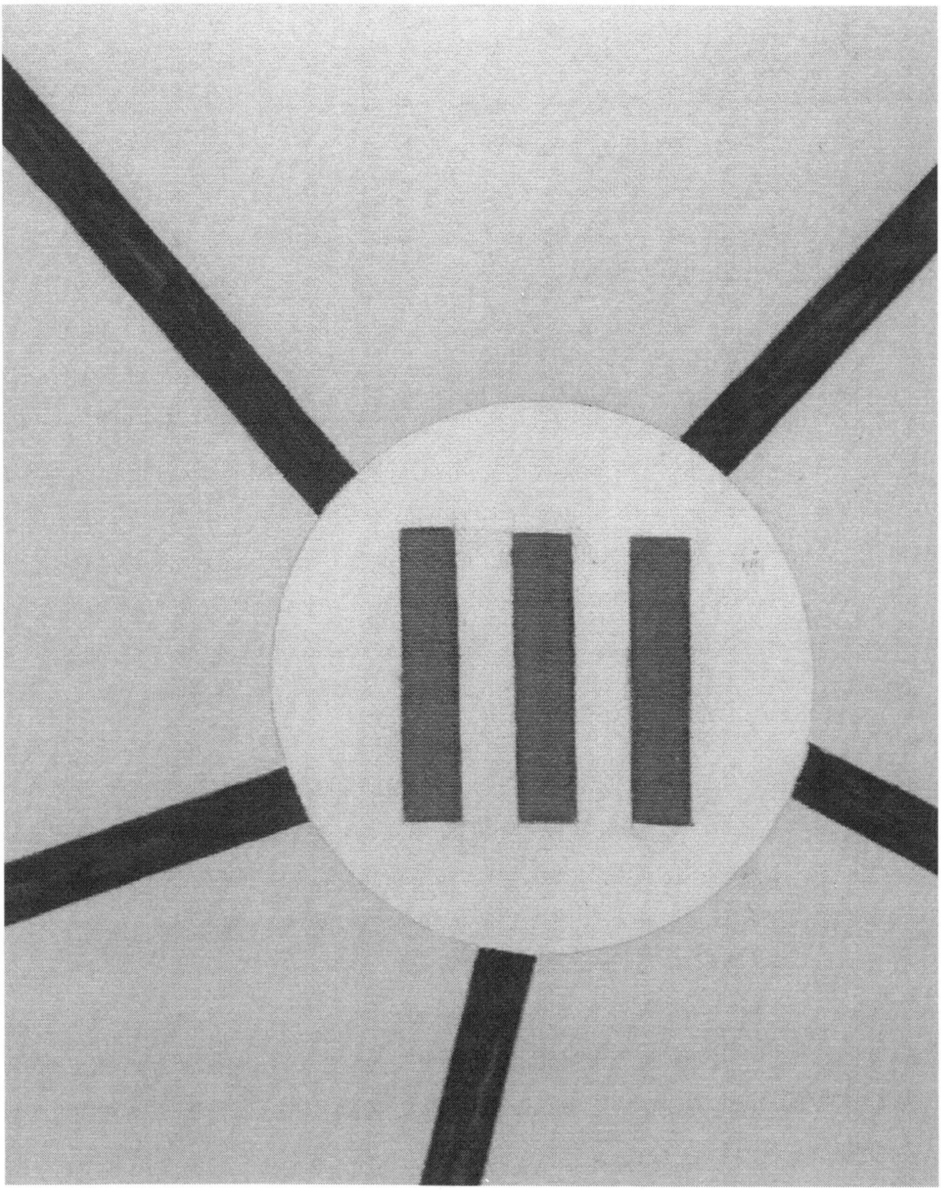

Meditación 24. La Puerta/El Templo

La puerta para entrar en este Castillo es la oración.

Santa Teresa de Avila
Castillo Interior, o Las Moradas
Las Segundas Moradas, i

He visto claro que por esta puerta hemos de entrar si queremos que se nos muestre la Soberana Majestad y grandes secretos.
Santa Teresa de Avila
Libro de la Vida ,XXII

Cierre sus ojos
Imagine una puerta grande y lujosa
O la entrada de un Templo
Debes hacer la decisión de pasar de esa puerta
Y entrar

Santa Teresa usa dos diferentes ejemplos de una puerta para entrar al Castillo Interior. En el primer pasaje está la imagen de la oración como una puerta para entrar en el mundo espiritual. En la segunda ella habla de Jesús como la puerta a los 'grandes secretos'.

Lo que es importante aquí es imaginar que hay un mundo espiritual y que tenemos la capacidad de explorarlo. Y que todo empieza con la voluntad de salir del mundo físico por algún tiempo.

69

Meditación 25. El Esposo

Han oído muchas veces, que se desposa Dios con las almas espiritualmente; ¡bendita sea su misericordia, que tanto se quiere humillar! Y aunque sea grosera comparación, yo no hallo otra, que pueda dar a entender lo que pretendo, que el sacramento del matrimonio. Porque aunque de diferente manera, la unión espiritual está muy lejos de algo corpóreo. El gozo espiritual que da el Señor, y al agrado que deben tener los que se desposan, van más allá de mil leguas del matrimonio humano. En el matrimonio espiritual todo es amor con amor, y sus operaciones son limpísimas, y tan delicadísimas y suaves, que no hay como se decir; mas sabe el Señor darlas muy bien a sentir.

Santa Teresa de Avila
Castillo Interior, o Las Moradas
Las Moradas Quintas, iv

En el matrimonio espiritual siempre queda el alma con su Dios en aquel centro. Digamos que sea la unión, como si dos velas se juntan y toda la luz fuese una, o que el pabilo y la luz y la cera es todo uno; mas después bien se puede apartar la una vela de la otra, y quedan en dos velas. Acá es como si cayendo agua del cielo en un río en donde queda hecho todo agua, que no podrán ya dividir ni apartar cuál es el agua del río, o lo que cayó del cielo; o como si un arroyo pequeño entra en la mar, no habrá remedio de cómo apartarse. O esa boda puede ser como si una gran luz entra a través de dos ventanas, aunque entra dividida, se hace todo una luz.

Santa Teresa de Avila
Castillo Interior, o Las Moradas
Las Sétima Moradas, ii

Cierre sus ojos
Piensa en estas imágenes,
Dos velas juntas con una luz
El agua de un arroyo entrando en el mar
La luz del sol que entra por dos ventanas se hace una.
Su alma en unión con Dios

Esta es la meta de una persona espiritual, de un religioso/a; cuando su voluntad, sueños, acciones y pensamientos son iguales a los de Dios.

Meditación 26. La Pipa

Visto ya el gran Rey, que está en la morada de este castillo, por su buena voluntad, por su gran misericordia quieres tornarte a Él, y, como buen pastor, con un silbo tan suave que ellos mismos casi no lo entienden, hace que conozcan su voz y que no anden tan perdidos, sino que se tornen a su morada; y tiene tanta fuerza este silbo del pastor, que dejan de lado las cosas exteriores, en que estaban enajenados, y se meten en el castillo.

Santa Teresa de Avila
Castillo Interior, o Las Moradas
Las Moradas Cuartas, iii

Cierra sus ojos
Escucha con cuidado
Podrá oír el silbido del Pastor
La pipa tan suave
Llamándole a regresar al Castillo

La vida de cada persona que quiere saber más del mundo interior tendrá una serie de éxitos y fracasos. Se presentaran días cuando todo es fácil y uno se siente en el camino correcto y días donde todo le parece imposible.

Pero siempre si escuchamos el llamado del Rey, la canción del Pastor, sólo debemos buscar un lugar tranquilo, cerrar nuestros ojos, calmar la voz interior, olvidarnos del mundo y escuchar.

Meditación 27. El Árbol y las Aguas Vivas

... este castillo tan resplandeciente y hermoso, esta perla oriental, este árbol de vida que esta plantado en las mismas aguas vivas de la vida que es Dios,

Santa Teresa de Avila
Castillo Interior, o Las Moradas
Las Primeras Moradas, i

Es como el árbol
   plantado a la orilla de un río
que, cuando llega su tiempo, da fruto
   y sus hojas jamás se marchitan.
   ¡Todo cuanto hace prospera!
Salmos 1:3

... un alma que está en gracia, que de dentro le viene hacer sus obras tan agradables a los ojos de Dios y de los hombres, porque proceden de esta fuente de vida, donde el alma está como un árbol plantado en ella, que la frescura y fruta no tuviera, ...
Moradas primeras, i

Cierre sus ojos
Imagine que esta en el jardín de su alma
A lado del río el cual está dando agua a su jardín
Acá hay un árbol recibiendo el agua del río

Otro ejemplo en que Santa Teresa está usando agua para mostrar algo importante. Es que nuestra alma puede recibir sus alimentos, bendiciones y fuerza a través de sus raíces que están conectados con el agua de vida. Pero es con 'obras tan agradables' que nuestra alma esta lista y preparada para recibir esas bendiciones.

Piensa qué está haciéndolo por otras personas. Hay situaciones en que puede ayudar a sus semejantes y hacer 'obras agradables a los ojos de Dios y de los hombres'? Va a encontrar que si abre su corazón un poco para dar amor a otros, esto hará que vaya a recibir un diluvio de beneficios causándole el deseo de querer dar más.

Meditación 28. El Sol

... mirando como cosa buena que hagamos no viene su principio de nosotros, sino de esta fuente adonde está plantado este árbol de nuestras almas y de este sol que da calor a nuestras obras.

Santa Teresa de Avila
Castillo Interior, o Las Moradas
Las Primeras Moradas, i

El castillo tiene capacidad que es mucho más de lo que podemos considerar, y a todas partes de ella se comunica este sol que esta en este palacio.

Santa Teresa de Avila
Castillo Interior, o Las Moradas
Las Primeras Moradas, i

Cierre sus ojos
Imagine el Sol, centro de nuestro sistema solar
Origen de toda energía de la Tierra
Esencial para todo el que vive
Imagine una luz en el centro de si mismo
Un calor, una energía, el origen de todo

En nuestro viaje de entrar al centro del Castillo Interior es una ayuda para tener un punto de referencia, una imagen, una meta; y todos puedan ver y sentir la fuerza que el sol da a nuestro mundo, el calor, la luz, todo en órbita de la tierra, alrededor de este sol.

De una manera similar existe dentro de nosotros una fuerza que es el centro del mundo espiritual, una energía, una luz llamada Dios o cualquier otro nombre. Busca de esa luz dentro y sentirá que se mueve su alma más cerca del sol cada día.

El Señor es sol y escudo;
  Dios nos concede honor y gloria.
El Señor brinda generosamente su bondad
  a los que se conducen sin tacha.
Salmos 84:11

Allí se transfiguró en presencia de ellos; su rostro resplandeció como el sol, y su ropa se volvió blanca como la luz.
Mateo 17:2

Meditación 29. La Hormiguita

... que en todas las que creó tan gran Dios, tan sabio, debe haber muchos secretos de que nos podemos aprovechar, y así lo hacen los que entienden, aunque creo que lo más pequeñito que Dios creó hay mucho más de lo que entendemos sea una hormiguita.

Santa Teresa de Avila
Castillo Interior, o Las Moradas
Las Primeras Moradas Cuarto, i

Cierre sus ojos
Imagine una hormiga
Criatura pequeña, humilde
Pero puede llevar cien veces más de lo que pesa
Un pueblo de ellos puede construir un gran edificio, un pequeño mundo
Piense en los secretos dentro de los millones de criaturas en el mundo

Los científicos que han dedicado toda su vida estudiando los 'tantos secretos' de las hormigas, estudiando sus acciones, las sociedades que ellas forman, el uso de otros insectos para obtener comida, la maravilla de una sola hembra 'la Reina', en el centro de su mundo. Y siempre hay más para estudiar y entender sobre este pequeño insecto.

Ya imaginó los secretos de otros animales, plantas, insectos, bacteria y virus que viven en nuestro mundo o las funciones complicadas e increíbles de nuestro cuerpo.

Y más de esto son los secretos del mundo espiritual que no podemos ver ni estudiar excepto por los aportes de los libros espirituales y sagrados o por las oraciones y meditaciones.

79

Meditación 30. ¡Tres, Cuarto, Cinco, Seis, Siete!

Para comenzar a hablar de las cuartas moradas bien he menester a encomendarme al Espíritu Santo y suplicarle de que hable por mí para decir algo de las que quedan, de manera que lo entiendan, porque comienzan a ser cosas supernaturales, y es dificultosísimo de entender, ...

Santa Teresa de Avila
Castillo Interior, o Las Moradas
Las Moradas Cuatro, i

Como ya estas moradas se llegan más adonde está el Rey. Es grande su hermosura, y hay cosas tan delicadas que ver y que entender, que el entendimiento no es capaz para trazar una frase de cómo se diga siquiera algo que venga a clarificar las ideas para los que no tienen experiencia, ...
Moradas Cuartas, i

¡Oh, hermanas!, ¿cómo os podría yo decir las riquezas y tesoros y deleites que hay en las quintas moradas? Creo fuera mejor no decir nada de las que faltan, pues no se ha de saber decir, ni el entendimiento lo sabe entender, ni las comparaciones pueden aclararlo, porque son muy bajas las cosas de la tierra para este fin.
Moradas Quintas, i

Pues vengamos, con el favor del Espíritu Santo, a hablar en las sextas moradas, donde el alma ya queda herida del amor del Esposo y procura más lugar para estar sola y quitar todo lo que puede conforme a su estado, que la puede estorbar de esta soledad.
Moradas Sextas, i

Pues la grandeza de Dios no tiene término, tampoco se terminan sus obras. ¿Quién acabará de contar sus misericordias y grandezas?

¡Oh, gran Dios!, parece que tiembla una criatura tan miserable como yo tratar en cosa tan ajena de lo que merezco entender.
Moradas Séptimas, i

Cierre sus ojos
Realice una oración para entrar en la Morada Dos
En su mente diga
Tres, cuarto, cinco, seis, siete
Imagine que por un instante viene a la morada
tres, cuatro, cinco, seis, ... siete
Que su espíritu está unido a Dios

En muchas oportunidades Santa Teresa dice que después de la morada tercera estamos en realidad en soledad para encontrar el camino y que fue sólo con la ayuda de muchas otras personas que ella pudo entrar. Es cierto que está fuera de la capacidad de este libro ayudarle más en su viaje. Pero si está haciendo las meditaciones cada día, por 30 días- está en buena posición de entender más y descubrir más. Ya es tiempo de leer por sí mismo, *El Castillo Interior*, preferiblemente debe hacerlo poco a poco cada día, con práctica y muchas veces consultando y buscando ayuda en *La Biblia* y/o otros recursos para entenderlo mejor. También Santa Teresa habla del Cuarto Grado de Oración, en el *Libro de la Vida* en que uno puede encontrar su alma en un estado de divina unión.

Acá (en el cuarto grado de oración) no hay que sentir, sino gozar sin entenderlo que se goza.
Santa Teresa de Avila
Libro de la Vida, XVIII

Para estar más cerca de Dios uno necesita intención, determinación y dedicación. Es bastante similar a las distintas formas de ejercitar el cuerpo. Uno no va a ver muchos resultados en una sesión de ejercicio, en una visita al gimnasio. Pero una persona que va al gimnasio regularmente va a ver cambios en pocas semanas.

Igual con la oración mental, meditación y entendimiento espiritual. Simplemente leyendo este libro, los libros de Santa Teresa, La Biblia y otros libros espirituales o religiosos es sólo la primera parte. Uno debe formar el hábito de estudio, oración y meditación de manera regular. En sesiones concentradas, pero también en las momentos de espera, caminando, en los momentos de la mañana cuando uno no está completamente consciente, cantando en la iglesia, ayudando a otra persona o en cualquier respiración uno puede tornar su mente al infinito, a Dios. Y con ésta práctica regular va a ver una diferencia en la vida.

Abra su corazón un poquito al amor y su corazón va a llenarse cien veces más de amor.

Si quieres proceder en el sendero y subir a los lugares que le anhelo, la cosa importante es de no pensar tanto, pero amar mucho, y hace lo que le despierta el amor.

Santa Teresa de Avila
Castillo Interior, o Las Moradas
Las Moradas Cuartos, IV

¿Para qué pensáis, hijas, que he pretendido declarar el fin y mostrar el premio antes de la batalla, con deciros el bien que trae consigo llegar a beber de esta fuente celestial, de esta agua viva? Para que no os congojéis del trabajo y contradicción que hay en el camino, y vayáis con ánimo y no os canséis; porque –como he dicho- podrá ser que, después de llegadas, que no os falta sino bajaros a beber en la fuente, lo dejéis todo y perdáis este bien, pensando que no tendréis fuerza para llagar a él y que no sois para ello.

Santa Teresa de Avila
Camino de Perfección, XIX

... dije que tenía el Señor diferentes caminos por donde iban a Él, así como había muchas moradas. Así lo torno ahora a decir; porque, como entendió Su Majestad nuestra flaqueza, proveyó como quien es. Mas no dijo: «por este camino vengan unos y por éste otros»; antes fue tan grande su misericordia, que a nadie quitó procurarse venir a esta fuente de vida a beber. ¡Bendito sea por siempre, y con cuánta razón me lo quitara a mí!

Camino de Perfección, XX

- tratemos un poco de cómo se ha de principiar esta jornada, porque es lo que más importa; digo que importa el todo para todo. No digo que quien no tuviere la determinación que aquí digo le deje de avanzar, porque el Señor le irá perfeccionando; y cuando no hiciese más de dar un paso, tiene en sí tanta virtud, que no hay miedo que le haga perder lo alcanzado le deje de ser muy bien pagado.

Camino de Perfección, XX

Pensamiento Final

Quizá no sabemos qué es amar, y no me espantaré mucho, porque no está en el mayor gusto, sino en la mayor determinación de desear contentar en todo a Dios y procurar, en cuanto pudiéremos, no ofenderle, y rogarle que vaya siempre adelante para la honra y la gloria de su Hijo.

Santa Teresa de Avila
Castillo Interior, o Las Moradas
Moradas Cuartas, i

"*Para terminar, hermanos, deseo que vivan felices y que busquen la perfección en su vida.*"

2Corintios 13:11

Explicaciones, Disculpas y Recursos para aprender más

La meta principal de este libro es de introducir a las personas a la escritura de Santa Teresa de Avila y de algunas técnicas de uso de la meditación. Mientras los libros de Santa Teresa son bien conocidos en ingles, existe una falta inmensa de acceso de algunos de estos libros en español. Por ejemplo, el libro "*Camino de Perfección*" no está impreso en español en los Estado Unidos y es difícil encontrar una copia de esta obra magnificente. Espero que los lectores de este libro tengan bastante interés para buscar y leer más los libros originales.

Ese libro utilizó principalmente tres obras de Santa Teresa:

El Libro de la Vida
Las Moradas o Castillo Interior
El Camino de Perfección

El Apéndice 1 tiene datos las sobre copias de estos libros impresos. Toda la información acerca de Santa Teresa los puede encontrar en *Escritos de Santa Teresa*, y hay una copia completa disponible gratuitamente en Google Books. También hay traducciones en ingles de los tres libros usados aquí gratuitamente en el sitio Christian Classics Ethereal Library (www.ccel.org). Y también cuenta con varias biografías de Santa Teresa.

Sobre las Citas

Las citas de Santa Teresa usadas aquí fueron seleccionadas para representar la diversidad de temas y para mostrar varios puntos. Fue traducido a un español moderno y para ayudar al entendimiento del lector/a, lo mejor posible. El lenguaje y sentido original de la autora fue preservado. Pero en el Apéndice 2 están todas las citas, usualmente con más contexto, con el escrito original de la autora. Existen varias citas para ayudar a los lectores en el contexto e idioma original.

Audiencia de Este Libro

Las expectativas del autor de este libro es que le sirva al lector ampliar el interés que tiene con las cosas espirituales o que quiere saber más de los métodos de relajación. Por eso hice poco énfasis en algunos temas comunes en la literatura de Santa Teresa. Estos son de humildad y de teología católica. Las personas que lean los libros de Santa Teresa van a encontrar que ella siempre está expresando una humildad profunda. Por cierto una importante calidad por ser una persona religiosa o mística, pero también fue en parte por razones culturales y políticas en que Santa Teresa sintió la necesidad de escribir así.

Disculpas

El autor de este libro sabe muy bien que no es experto en la filosofía de Santa Teresa, ni en el idioma español (especialmente del Siglo XVI) o de la teología católica. Cualquier error es culpa del autor.

Illustraciones

Illustración de forro y cubierta es de Annadel Hogen a través de 99designs.com; de página 17, 23 y29 de Metka Ravnik de la series "Visiones Interiores", de página 25, 27 y 51 de Ángela Irene Boc VIllela, página de Pedro Berruguete, página 37, 67 y 81 del autor y el resto de dreamstime.com.

Agradacimientos

Agradezco mucho de Gerson Boror y Lineth Boror por surgerencias y correcciones y Gianna Sullivan por inspiración.

Apéndices

I. Libros Usados

Las Moradas o el Castillo Interior
Santa Teresa de Jesús
2007, Edimat Libros
Madrid, España

Comentario al Padre Nuestro
Santa Teresa de Avila
2008, Lumen S.R.L

Libro de la Vida
Santa Teresa de Jesús
2006, Lumeneditorial

Camino de Perfección
Santa Teresa de Jesús
2010, Kindle Edition
Amazon, USA

Versiones electrónicos disponibles:

Escritos de Santa Teresa
Google Books
http://books.google.com/ebooks?id=NfYCAAAAYAAJ

Libro de la Vida
http://www.mercaba.org/FICHAS/Santos/TdeJesus/libro_de_la_vida.htm

II. Citas originales

Las palabras de Santa Teresa de Avila usado en ese libro están aquí junto con lo texto original de La Santa en su idioma del siglo XVI, y en muchos veces con más contexto. La intención es de usar sus escritos lo mas puro posible, pero también de ayudar los que están leyendo hoy de entender y de buscar más información.

1. Introducción

Porque yo no puedo entender como haya, ni pueda haber humildad sin amor, ni amor sin humildad, ni es posible estar estas dos virtudes, sin gran desasimiento de todo lo criado.

Original
Y creé, que quien mas tuviere, mas le terna, y quien menos, menos; porque no puedo yo entender como haya, ni pueda haber humildad sin amor, ni amor sin humildad, ni es posible estar estas dos virtudes, sin gran desasimiento de todo lo criado.
Camino de Perfección
Escritos de Santa Teresa, D. V. De la Fuente
Capitulo XXIII, P.336

2. Meditación 1. La Respira

Porque a cuanto yo puedo entender, la puerta para entrar en este Castillo es la oración y meditación, ...

Orginal
Porque a cuanto yo puedo entender, la puerta para entrar en este Castillo es la oración y consideración, ...
Castillo Interior, o Las Moradas
The First Mansion, ix

3. Meditación 2. Mirando Interiormente

Pone los ojos en su mismo y mira interiormente. Hallará su Maestro, Él no le fallará: de hecho, la menos comodidad exterior que tiene, lo más alegría que le dará.

Original
Mas aun esto es bajo remedio y poca perfición. Lo mijor es que dure, y vos desfavorecida y abatida, y lo quereis estar por Él que está con vos. Pone los ojos en vos, y miráos interiormente; hallaréis vuestro Esposo, que no os faltará, antes mientra menos consolación por de fuera, mas regalo os hará. Es muy piadoso, y á persona afligida jamás falta, si confía en ÉL solo. Ansí lo dice David, que nunca vio al justo desamparado. Y otra vez, que está el Señor con los afligidos. ¿Pues ú creeis esto, ú no? Pues creyéndolo, cómo se ha de creer, ¿de que os matáis?
Camino de Perfección
Escritos de Santa Teresa, D. V. De la Fuente
CAPÍTULO XLVIII, P. 354

3.

Hay pensamientos tan ligeros, que no pueden estar en una cosa, sino siempre desasosegados, y en tanto extremo, que si quieren detenerle a pensar en Dios, se les va a mil vanidades y escrúpulos, y dudas en la fe.

Original
Yo estuve catorce, que nunca podia tener meditación, sino junto con lecion. Habrá muchas personas de este arte, y otras que, aunque sea con la lecion, no puedan tener meditación, sino rezar vocalmente, y aquí se detienen mas y hallan algun gusto. Hay pensamientos tan ligeros, que no pueden estar en una cosa, sino siempre desasosegados, y en tanto extremo, que si quieren detenerle á pensar en Dios, se les va á mil vanidades y escrúpulos, y dudas en la fe.
Camino de Perfección
Escritos de Santa Teresa, D. V. De la Fuente
CAPÍTULO XXVI, P.339

4.   Meditación 3. Amor.

Si quieres proceder en el sendero y subir a los lugares que le anhelo, la cosa importante es de no pensar tanto, pero amar mucho, y hace lo que le despierta el amor.

Original
Si quieres proceder en el sendero y subir a los lugares que le anhelo, la cosa importante es de no pensar tanto, pero amar mucho, y hace lo que le despierta el amor.
Castillo Interior, o Las Moradas
Las Cuartas Moradas, i.7

5.   Meditación 4. El Castillo Interior

Pensé en nuestra alma como un castillo, todo de un diamante o muy claro cristal, adonde hay muchos aposentos, como en el cielo hay muchas moradas.

Original
..., se me ofreció lo que ahora diré para comenzar con algún fundamento, que es considerar nuestra alma como un castillo todo de un diamante u muy claro cristal, adonde hay muchas aposentos, ansí como el cielo hay muchas moradas. Pensé en nuestra alma como un castillo, todo de un diamante o muy claro cristal, adonde hay muchos aposentos, como en el cielo hay muchas moradas.
Las Moradas o el Castillo Interior
Las Primeras Moradas, ii

6.   Meditación 5. La Abeja y las Flores.

Que nuestra humildad siempre labra como la abeja en la colmena, por sin esto todo va perdido. La abeja a veces sale de la colmena a volar para visitar flores, y así el alma vuele algunas veces a considerar la grandeza y majestad de su Dios.

Original

...;que la humildad siempre labra como la abeja en la colmena la miel, que sin esto todo va perdido. Mas consideramos que la abeja no deja de salir a volar para traer flores, ansi el alma en el propio conocimiento; créame, y vuele algunas veces a considerar la grandeza y majestad de su Dios.
Castillo Interior, o Las Moradas
Las Segundas Moradas, i

7.   Meditación 6. La Jardín.

Necesita pensar que esta cuidando un jardín, para que se deleite el Señor. Pero en el principio, es tierra muy infructuosa, y hay muchas malas hierbas. Su Majestad arranca las malas hierbas, y ha de plantar las buenas. Hemos de regar las plantas, para que no se pierdan, que produzcan flores con gran olor, para dar recreación a este Señor nuestro, y así se regresa muchas veces a esta jardín.

Original
Ha de hacer cuenta el que comienza, que comienza a hace un huerto en tierra muy infructuosa, que lleva muy malas hierbas, para que se deleite el Señor. Su Majestad arranca las malas hieras, y ha de plantar las buenas. Pues hagamos cuenta que está hecho esto cuando se determina a tener oración un alma, y lo ha comenzado a usar. Y con ayude de Dios, hemos de procurar, come buenos hortelanos, que crezcan estas plantas y tener cuidado de regarlas, para que no se pierdan, son que vengan a echar flores que den de sí el gran olor, para dar recreación a este Señor nuestro, y así se venda a deleitar muchas veces a esta huerta y a holgarse entre estas virtudes.
Libro de la Vida, XI
Edición García p.121

8.   Meditación 7. El Pozo

Pues vemos ahora de la manera que se puede regar, para que entendamos lo que hemos de hacer, y el trabajo que nos ha de costar, si es mayor que la ganancia, o hasta que tanto tiempo se ha de tener. Paréceme a mí que se puede regar de cuatro maneras: o con sacar el agua de un pozo, que esa nuestro gran trabajo; o con noria y arcaduces, que se saca con un torno (yo lo he sacado algunas veces), es a menor trabajo que estotro, y sácase más agua;

Original
Pues vemos ahora de la manera que se puede regar, para que entendamos lo que hemos de hacer, y el trabajo que nos ha de costar, si es mayor que la ganancia, o hasta que tanto tiempo se ha de tener. Paréceme a mí que se puede regar de cuatro maneras: o con sacar el agua de un pozo, que esa nuestro gran trabajo; o con noria y arcaduces, que se saca con un torno (yo lo he sacado algunas veces), es a menor trabajo que estotro, y sácase más agua; o de un río o arroyo; esto se riega muy mejor, que queda más harta la tierra de agua, y no se ha menester regar tan a menudo y es a menos trabajo mucho del hortelano; o con llover mucho, que lo riega el Señor sin trabajo ninguno nuestro, y es muy sin comparación mejor que todo le que queda dicho.
Libro de la vida
Edición de García XI p121

9. Meditación 8. El Río

O, podemos regar el jardín con un río o arroyo; esto se riega muy mejor, que queda más harta la tierra de agua, y no se ha menester regar tan a menudo y es a menos trabajo mucho del hortelano; o con llover mucho, que lo riega el Señor sin trabajo ninguno nuestro, y es muy sin comparación mejor que todo le que queda dicho.

Original
Pues vemos ahora de la manera que se puede regar, para que entendamos lo que hemos de hacer, y el trabajo que nos ha de costar, si es mayor que la ganancia, o hasta que tanto tiempo se ha de tener. Paréceme a mí que se puede regar de cuatro maneras: o con sacar el agua de un pozo, que esa nuestro gran trabajo; o con noria y arcaduces, que se saca con un torno (yo lo he sacado algunas veces), es a menor trabajo que estotro, y sácase más agua; o de un río o arroyo; esto se riega muy mejor, que queda más harta la

tierra de agua, y no se ha menester regar tan a menudo y es a menos trabajo mucho del hortelano; o con llover mucho, que lo riega el Señor sin trabajo ninguno nuestro, y es muy sin comparación mejor que todo le que queda dicho.
Libro de la vida
Edición de García XI p121

10.   Meditación 10. Las Segundas Moradas.

Es muy importante a olvidar, lo más posible, de las cosas y negocios no necesarios, para entrar a las segundas moradas. Eso le importa tanto para llegar a la morada principal que, si no comienza a hacer esto, lo tengo por imposible...

Original
Y conviene mucho para haber de entrar a las segundas moradas que procure dar de mano a las cosas y negocios no necesarios, cada uno conforme a su estado. Que es cosa que le importa tanto para llegar a la morada principal que, si no comienza a hacer esto, lo tengo por imposible y an estar mucho peligro en la que esta ...
Castillo Interior, o Las Moradas
Las Primeras Moradas, II

11.
Ahora vengamos a hablar cuales serán las almas que entran a las segundas moradas y que hacen en ellas. En ese parte del castillo, son los que han ya comienzo a tener oración.

Original
Ahora vengamos a hablar cuales serán las almas que entran a las segundas moradas y que hacen en ellas. En ese parte del castillo, son los que han ya comienzo a tener oración.
Castillo Interior, o Las Moradas
Las Segunda Moradas, I

12.	Meditación 11. La Pasión.

Debemos a pensar en un aspecto de la Pasión... Es el modo de oración en que han de comenzar, y de mediar y acabar todos, y muy excelente y seguro camino hasta que el Señor los lleve a otras cosas sobrenaturales.

Original
... ponémonos a pensar un paso de la Pasión, digamos el de cuando estaba el Señor a la columna. Anda el entendimiento buscando las causas que allí de a entender los dolores grandes y pena que Su Majestad tendría en aquella soledad, y otras muchas cosas que, si el entendimiento es obrador, podrá sacar de aquí. ¡U, que si es letrado! Es el modo de oración en que han de comenzar, y de mediar y acabar todos, y muy excelente y seguro camino hasta que el Señor los lleve a otras cosas sobrenaturales.
Libro de la Vida, XIII

13.	Meditación 12. La Cárcel.

Digamos ahora el segundo modo de de sacar el agua, con un torno y aguaduces.
En esta oración, los facultades no de pierden ni se duerman, solo la voluntad se ocupa, de manera que, sin saber cómo, se cautiva; sólo da consentimiento para que la encarcele Dios, como quien bien sabe ser cautivo de quien ama.

Original
Esto es, un recogerse las potencias dentro de sí para gozar de aquel contento con más gusto, mas no se pierden ni se duermen, sola la voluntad se ocupa, de manera que, sin saber cómo, se cautiva; sólo da consentimiento para que la encarcele Dios, como quien bien sabe ser cautivo de quien ama.
Libro de la Vida, XIV, p.153

14.
Toda la cansa [un alma que ha tenido unión con Dios], no sabe cómo huir; ve su mismo encadenado y presa. Entonces el alma siente más verdaderamente el cautiverio que traemos con los cuerpos y la miseria de la vida. Conoce la razón que tenía San Pablo de suplicar a Dios le librarse de ella.

Original
Toda la cansa, no sabe cómo huir; ve su mismo en cadena y presa: entonces siente más verdaderamente el cautiverio, que traemos con los cuerpos, y la miseria de la vida. Conoce la razon que tenía san Pablo de suplicar a Dios le librarse de ella;
Libro de la Vida
Santa Teresa de Jesús, XVIII
Libro de la Vida, XVIII

15.   Meditación 13. La Centellita.

La oración de quietud es una centella o chispa que comienza el Señor a encender en el alma del verdadero amor suyo, y quiere que el alma vaya entendiendo qué cosa es este amor con regalo. Esta quietud, y recogimiento, y centellita, es de espíritu de Dios. Aun es pequeñita; y si no la mata por su culpa, es la que comienza a encender un gran fuego.

Original
Es, pues, esta oración una centellica que comienza el Señor a encender en el alma del verdadero amor suyo, y quiere que el alma vaya entendiendo qué cosa es este amor con regalo. Esta quietud, y recogimiento, y centellita, si es espíritu de Dios, y no gusto dado del demonio o procurado por nosotros (aunque a quien tiene experiencia es imposible no entender luego, que no es cosa que se puede adquirir; sino que este natural nuestro es tan ganoso de cosas sabrosas, que todo lo prueba; mas quédase muy en frío bien en breve, porque, por mucho que quiera comenzar a hacer arder el fuego para alcanzar este gusto, no parece sino que le echa agua para matarle); pues esta centellita puesta por Dios, por pequeñita que es, hace mucho ruido; y si no la mata por su culpa, ésta es la que comienza a encender el gran fuego que echa llamas de sí, como diré en su lugar, del grandísimo amor de Dios que hace Su Majestad tengan almas perfectas.
Libro de la Vida, XV

Otros menciones de centellas:

Estaba pensando ahora se seria que en este fuego del brasero encendido, que es mi Dios, saltaba alguna centella y daba en el alma, de manera que de dejaba sentir aquel encendido fuego, y como no era an bastante para quemarla, y el es tan deleitoso, queda con aquella pena, y a el tocar hace aquella operación.

… , muerese la centella y queda con deseo de tornar a padecer aquel dolor amoroso que le causa.
Moradas Sestas Cap II

16.   Meditación 14. La Tierra y el Cielo

Esto, aunque parece todo uno, es diferente de la oración de quietud en que allí esta alma esta contento gozando en aquel ocio santo de María. En esta oración puede también ser como Marta, obrando juntamente en vida active y contemplativa, participando en obras de caridad y leyendo libros espirituales.

Original
Esto, aunque parece todo uno, es diferente de la oración de quietud que dije, en parte, porque allí esta alma que no se querría bullir ni menear gozando en aquel ocio santo de María. En esta oración puede también ser Marta, así que casi obrando juntamente en vida activa y contemplativa, y entender en obras de caridad y negocios que convengan a su estado, y leer, aunque no del todo están señores de si,
Libro de la Vida, XVII

17.   Meditación 15. La Joya

No sea tanto el amor, oh Rey eterno, que pongan en peligro joyas tan preciosas. Parece Señor mío, se da ocasión para que se tengan en poco, pues las ponen en poder de cosa tan ruin, tan baja, tan flaca y miserable, y de tan poco como yo.

Original
No sea tanto el amor, oh Rey eterno, que pongáis en aventura joyas tan peligrosas. Parece Señor mío, se da ocasión para que se tengan en poco, pues las ponéis en poder de cosa tan ruin, tan baja, tan flaca y miserable, y de tan poco tomo, que ya trabaje por no perderlas con vuestro favor (y no es menester pequeño, según yo soy), no puede dar con ellas a ganar a nadie.
Libro de la Vida, XVIII

18.   Meditación 16. La Avecita y el Nido.

Verdad es que a los principios casi siempre es después de larga oración mental, que de un grado en otro viene el Señor a tomar esta avecita y ponerla en el nido para que descanse. Como la ha visto volar mucho rato, procurando con el entendimiento y voluntad y con todas sus fuerzas buscar a Dios y contentarle, quiérela dar el premio, aun en esta vida, ¡y qué gran premio, que basta un momento para quedar pagados, todos los trabajos que el ella puede haber!

Original
Verdad es que a los principios casi siempre es después de larga oración mental, que de un grado en otro viene el Señor a tomar esta avecita y ponerla en el nido para que descanse. Como la ha visto volar mucho rato, procurando con el entendimiento y voluntad y con todas sus fuerzas buscar a Dios y contentarle, quiérela dar el premio, aun en esta vida, ¡y qué gran premio, que basta un momento para quedar pagados, todos los trabajos que el ella puede haber!
Libro de la Vida, XVIII

19.   Meditación 17. La Fuego y la Llama.

En la mística Teología se declara, pero no entiendo qué es mente, ni qué diferencia tenga el alma ni el espíritu. Los tres me parecen de sí misma. Pero yo se que a veces el alma es como un fuego que está ardiendo, y hecho llama, y algunas veces crece este fuego con violencia. Esta llama sube muy arriba del fuego, mas no por eso es cosa diferente, sino la misma llama que está en el fuego.

Original
El cómo es esta que llaman unión, y lo que es, yo no lo sé dar a entender. En la mística Teología se declara, que yo los vocablos no sabré nombrarlos, ni sé entender qué es mente, ni qué diferencia tenga el alma alguna vez sale de sí misma, a manera de un fuego que está ardiendo, y hecho llama, y algunas veces crece este fuego con ímpetu. Esta llama sube muy arriba del fuego, mas no por eso es cosa diferente, sino la misma llama que está en el fuego.
Libro de la Vida, XVIII

20.   Meditación 18. El Buen Camino

Es verdad que el alma que comienza en el camino de oración mental, y es determinado de no hacer mucho caso si falten los gustos y ternura del Señor, ha andado el gran parte del camino.

Original
Hase de notar mucho, y dígolo porque lo se por experiencia, que el alma que en este camino de oración mental comienza a caminar con determinación y puede acabar consigo de no hacer mucho caso, ni consolarse, ni desconsolarse mucho porque falten estos gustos y ternura, la de el Señor, que tiene andado gran parte del camino;
Libro de la Vida, XI

21.   Meditación 19. El Pan Nuestro.

Esta petición de cada día parece que es para siempre. Pensé por que después de haber dicho el Señor 'cada día". Torno a decir "dánosle hoy.

Original
Pues esta petición de cada dia parece que es para siempre. He estado yo pensando, porque después de haber dicho el Señor cada dia, tornó a decir.
Camino de Perfección
Escritos de Santa Teresa, D. V. De la Fuente
Capitulo LX, P.362

22. Meditación 20. El Vino.

Ha sido necesario que el Señor de mantenimiento y no agua sino vino, para que emborrachados no entiendan lo que pasan, y lo puedan sufrir.

Original
Pues creer que admite Dios á su amistad estrecha gente regalada y sin trabajos es disbarate. Tengo por muy cierto se los da Dios mucho mayores, y ansí como los lleva por camino barrancoso y áspero, y á las veces que los parece se pierden. Y han de comenzar de nuevo dende lo que han andado, que ansí ha menester el Señor darles mantenimiento, y no agua sino vino, para que emborrachados no entiendan lo que pasan, y lo puedan sufrir. Y ansí, pocos veo verdaderos contemplativos, que no los vea animosos, y lo primero que hace el Señor, si son flacos, es ponerles ánimo y hacerlos que no teman trabajo, que les pueda venir.
Libro de la Vida, XXVII

23. Meditación 21. La Copa.

Digamos que tenemos mucho calor y sed y tomamos una copa de agua fría, nos sentiríamos refrescados.

Original
Debe ser grande la virtud del agua bendita: para mí es particular, y muy conocida consolación, que siente mi alma, cuando la tomo. Es cierto, que lo muy ordinario es sentir una recreación, que no sabría yo darla á entender, con un deleite interior, que toda el alma me coforta. Esto no es antojo, ni cosa que me ha acaecido sola una vez, sino muy muchas, y mirado con gran advertencia: digamos coma si uno estuviese con mucha calor y sed, y bebiese un jarro de agua fria que parece todo él sintió el refrigerio.
Libro de la Vida, XXXI

24.
Hagamos cuenta, para entenderlo mejor, que vemos dos fuentes con dos pilas que se llenan de agua, ...
Estos dos pilones se llenan de agua de diferentes maneras: uno el agua viene

de más lejos por muchos arcaduces y artificio; el otro está hecho en el mismo nacimiento de agua y la base se llena sin ningún ruido …

El agua que viene por arcaduces representa los contentos que se sacan con la meditación, porque trabajamos con los pensamientos, ayudándonos de las sombras que tenemos y cansando del entendimiento; y esta viene en fin con nuestras diligencias, con una gran ayuda de la cual hace ruido cuando ha de haber provecho en abundancia para el alma, como queda dicho.

En la otra fuente viene el agua de su mismo nacimiento, que es Dios; y así como Su Majestad quiere, cuando es servido en hacer alguna merced sobrenatural, produce una grandísima paz y quietud, suavidad en lo mas profundo interior de nosotros mismos;

Original

Hagamos cuenta, para entenderlo mejor, que vemos dos fuentes con dos pilas que se hinchen de agua, que no me hallo cosa mas a propósito para declarar algunas de espíritu que esto de agua, y es, como sé poco y el ingenio no ayuda y soy tan amiga de este elemento, que le he mirado con mas advertencia que otras cosas, que en todas las que crió tan gran Dios, tan sabio, debe hacer hartos secretos de que nos podemos aprovechar, y ansi lo hacen los que entienden, anque creo que cosita que Dios crio hay mas de lo que se entiende sea una hormiguita. Estos dos pilones se hinchen de agua de diferentes maneras: el uno viene de más lejos por muchos arcaduces y artificio; el otro está hecho en el mesmo nacimiento de agua, y vase hinchendo sin nengun ruido, y si es el manantial caudaloso, como éste que hablamos, después de henchido este pilón, procede un gran arroyo, ni es menester artificio ni se acaba el edificio de los arcaduces, sino siempre está procediendo agua de allí. Es la diferencia que la viene por arcaduces es, a mi parecer, los contentos que tengo dicho que se sacan con la meditación, porque traemos con los pensamientos ayudándonos de las criaturas en la meditación y cansando el entendimiento; y como viene, en fin, con nuestras diligencias, hace ruido cuando ha de haber algún hinchimiento de provechos que hace en el alma, como queda dicho.

Esotra fuente viene el agua de su mesmo nacimiento, que es Dios; y ansi como Su Majestad quiere, cuando es servido, hacer alguna merced sobrenatural,

produce con grandísima paz y quietud y suavidad de lo muy interior de nosotros mesmos;
Las Moradas O El Castillo Interior
Moradas Cuartas, I

25.   Meditación 22. La Atalaya

Aquí está mi vida, aquí está mi honra y mi voluntad; todo a ti lo he dado, soy tuya, dispone de mí en acuerdo de tu voluntad. Bien veo yo, mi Señor, lo poco que puedo; mas llegada a tu, subida en esta atalaya adonde se ven verdades, y si tú no sale de mi lado, todo lo podré.

Original
Fortaleced Vos mi alma y disponedla primero, Bien de todos los bienes y Jesús mío, y ordenad luego modos como haga algo por Vos, que no hay ya quien sufra recibir tanto y no pagar nada. Cueste lo que costare, Señor, no queráis que vaya delante de Vos tan vacías las manos, pues conforme a las obras se ha de premio. Aquí está mi vida, aquí está mi honra y mi voluntad; todo os lo he dado, vuestra soy, disponed de mí conforme a la vuestra. Bien veo yo, mi Señor, lo poco que puedo; mas llegada a Vos, subida en esta atalaya adonde se ven verdades, no apartándoos de mí, todo lo podré; que si os apartáis, por poco que sea, iré adonde estaba, que era al infierno.
Libro de la Vida, XVIII

26.   Meditación 23. Moradas Terceras.

A los que por la misericordia de Dios han vencido estos combates y, con la perseverancia, entrado a las terceras moradas, ... Por cierto, con razón le llamaremos bienaventurado, pues, si no torna atrás, a lo que podemos entender, lleva camino seguro de su salvación.

Original
A los que por la misericordia de Dios han vencido estos combates y, con la perseverancia entrado á las terceras moradas, ¿Qué les diremos? Sino,. ¡bienaventurado el varon que teme al Señor! No ha sido poco hacer se Majestad que entienda yo ahora, que quiere decir el romance de este verso á

este tiempo, según soy torpe en este caso. Por cierto con razón le llamaremos bienaventurado, pues si no torna atras, á lo que podemos entender, lleva camino seguro de su salvacion.
Castillo Interior, o Las Moradas
Las Terceras Moradas, i

27.   Meditación 24. La Puerta/El Templo

… *la puerta para entrar en este Castillo es la oración.*

Original
Ya os dije al principio y el mesmo Señor lo dice, que quien anda en el peligro en el perece, y que la puerta para entrar en este Castillo es la oracion.
Castillo Interior, o Las Moradas
Las Segundas Moradas, i

28.
He visto claro que por esta puerta hemos de entrar si queremos nos muestre la Soberana Majestad grandes secretos.

Original
Con tan buen amigo presente, con tan buen capitan, que se puso en lo primero en el padecer, todo se puede sufrir. El ayuda y da esfuerzo, nunca falta, es amigo verdadero; y veo yo claro y he visto después, que para contentar á Dios y que nos haga grandes mercedes, quiere sea por manos de esta Humanidad sacratísima, en quien dijo su Majestad se deleita. Muy muchas veces le he visto por experiencia; hámelo dicho el Señor. He visto claro que por esta puerta hemos de entrar, si queremos nos muestre la soberana Majestad grandes secretos.
Libro de la Vida, XXII
Capitulo XXII, P. 248

29.   Meditación 25. El Esposo.

Han oído muchas veces, que se desposa Dios con las almas espiritualmente; ¡bendita sea su misericordia, que tanto se quiere humillar! Y aunque sea grosera comparación, yo no hallo otra, que mas pueda dar a entender lo que pretendo, que el sacramento del matrimonio. Porque aunque de diferente manera, el unión espiritual es muy lejos de algo corpóreo. Los contentos espirituales que da el Señor, y los gustos al que deben tener los que se desposan, van mil leguas del matrimonio humano. En el matrimonio espiritual todo es amor con amor, y sus operaciones son limpísimas, y tan delicadísimas y suaves, que no hay como se decir; mas sabe el Señor darlas muy bien a sentir.

Original
Ya terneis oido muchas veces, que se desposa Dios con las almas espiritualmente; ¡bendita sea su misericordia, que tanto se quiere humillar! Y aunque sea grosera comparación, yo no halo otra, que mas pueda dar a entender lo que pretendo, que el sacramento del matrimonio. Porque aunque de diferente manera, porque en esto que tratamos, jamás hay cosa que no sea espiritual (esta corpóreo va muy lejos, y los contentos espirituales que da el Señor, y los gustos al que deben tener los que se desposan, van mil leguas lo uno de lo otro), porque todo es amor, y sus operaciones son limpísimas, y tan delicadísimas y suaves, que no hay como se decir; mas sabe el Señor darlas muy bien a sentir.
Castillo Interior, o Las Moradas
Las Moradas Quintas, iv

30.
En el matrimonio espiritual siempre queda el alma con su Dios en aquel centro. Digamos que sea la unión, como si dos velas se juntan y toda la luz fuese una, o que el pabilo y la luz y la cera es todo uno; mas después bien se puede apartar la una vela de la otra, y quedan en dos velas. Acá es como si cayendo agua del cielo en un río á donde queda hecho todo agua, que no podrán ya dividir ni apartar cuál es el agua del río, o lo que cayó del cielo; ó como si un arroyo pequeño entra en la mar, no habrá remedio de cómo apartarse. O esa boda puede ser como si una gran luz entra a través de dos ventanas, aunque entra dividida, se hace todo una luz.

Original
En estotra merced del Señor no, porque siempre queda el alma con su Dios

en aquel centro. Digamos que sea la union, como si dos velas de cera se juntasen tan en extremo, que toda la luz fuese una, ú que el pábilo y la luz y la cera es todo uno; mas después bien se puede apartar la una vela de la otra, y quedan en dos velas, ú el pabilo de la cera. Acá es como si cayendo agua del cielo en un rio ú fuente, á donde queda hecho todo agua, que no podrán ya dividir ni apartar cuál es el agua del rio, ú lo que cayó del cielo; ó como si un arroyico pequeño entra en la mar, no habrá remedio de apartarse; ú como si en una pieza estuviesen dos ventanas por donde entrase gran luz, aunque entra dividida, se hace todo una luz.
Castillo Interior, o Las Moradas
Las Sétima Moradas, ii

31.   Meditación 26. La Pipa

Visto ya el gran Rey, que esta en la morada de este castillo, su buena voluntad, por su gran misericordia quiérelos tornar a El, y, como buen pastor, con un silbo tan suave que ellos mismos casi no lo entienden, hace que conozcan su voz y que no anden tan perdidos, sino que se tornen a su morada; y tiene tanta fuerza este silbo del pastor, que desamparan las cosas exteriores, en que estaban enajenados, métense en el castillo

Original
Visto ya el gran Rey, que esta en la morada deste castillo, su buena voluntad, por su gran misericordia quiérelos tornar a Él, y, como buen pastor, con un silbo tan suave que an casi ellos mesmos no lo entienden, hace que conozcan su voz y que no anden tan perdidos, sino que se tornen a su morada; y tiene tanta fuerza este silbo del pastor, que desamparan las cosas esteriores, en que estaban enajenados, métense en el castillo.
Castillo Interior, o Las Moradas
Las Moradas Cuartas, iii

Otra mención de un silbo:
Deshaciéndome estoy, hermanas, por daros a entender esta operación de amor, y no se como; porque parece cosa contraria dar a entender el Amado claramente que esta con el alma, y parece que la llama con una sena tan cierta, que no puede dudar, un silbo tan penetrativo para entenderlo el alma,

que no le puede dejar de oír; porque no parece sino que, en hablando el Esposo, que esta en la sétima morada, por esta en las otras no se osa bullir, ni sentidos ni maginación ni potencias.
Castillo Interior, o Las Moradas
Moradas Sestas, II

32.   Meditación 27. El Árbol y Aguas Vivas

… este castillo tan resplandeciente y hermoso, esta perla oriental, este árbol de vida que esta plantado en las mismas aguas vivas de la vida, que es Dios,

Original
… este castillo tan resplandeciente y hermoso, esta perla oriental, este árbol de vida que esta plantado en las mesmas aguas vivas de la vida, que es Dios,
Castillo Interior, o Las Moradas
Las Primeras Moradas, i

33.
… un alma que esta en gracia, que de aquí le viene ser sus obras tan agradables a los ojos de Dios y de los hombres, porque proceden de esta fuente de vida, adonde el alma está como un árbol plantado en ella, que la frescura y fruta no tuviera, …

Original
… por los que están en este estado, todos hechos una escuridad; y ansí sus obras. Porque ansí como de una fuente my clara lo son todos los arroícos que salen de ella, como es un alma que esta en gracia, que de aquí le viene ser sus obras tan agradables a los ojos de Dios y de los hombres, porque proceden de esta fuente de vida, adonde el alma está como un árbol plantado en ella, que la frescura y fruta no tuviera, …
Moradas primeras, i

34.   Meditación 28. El Sol

... mirando como cosa buena que hagamos no viene su principio de nosotros, sino de esta fuente adonde está plantado este árbol de nuestras almas y de este sol que da calor a nuestras obras.

Original
... mirando como cosa buena que hagamos no viene su principio de nosotros, sino de esta fuente adonde está plantado este árbol de nuestras almas y de este sol que da calor a nuestras obras.
Castillo Interior, o Las Moradas
Las Primeras Moradas, i

35.
El castillo tiene capaz que es de mucho más que podremos considerar, y a todas partes de ella se comunica este sol que esta en este palacio.

Original
Ansí, acá, en rededor de esta pieza están muchas, y encima lo mesmo, porque las cosas del alma siempre se han de considerar con plenitud y anchura y grandeza, pues, no le levantan nada, que capaz es de mucho más que podremos considerar, y a todas partes de ella se comunica este sol que esta en este palacio.
Castillo Interior, o Las Moradas
Las Primeras Moradas, i

36.   Meditación 29. La Hormiguita

... que en todas las que crió tan gran Dios, tan sabio, debe hacer hartos secretos de que nos podemos aprovechar, y así lo hacen los que entienden, aunque creo que cosita que Dios crío hay mas de lo que se entiende sea una hormiguita.

Original
que en todas las que crió tan gran Dios, tan sabio, debe hacer hartos secretos de que nos podemos aprovechar, y ansi lo hacen los que entienden, anque creo

que cosita que Dios crío hay mas de lo que se entiende sea una hormiguita.
Castillo Interior, o Las Moradas
Las Primeras Moradas Cuarto, i

37. Meditación 30. ¡Tres, Cuarto, Cinco, Seis, Siete!

Para comenzar a hablar de las cuartas moradas bien he menester a encomendarme a el Espíritu Santo y suplicarle de que hable por mí para decir algo de las que quedan, de manera que lo entendían, porque comienzan ser cosas supernaturales, y es dificultosísimo de dar a entender, ...

Original
Para comenzar a hablar de las cuartas moradas bien he menester lo que he hecho, que es encomendarme a el Espíritu Santo y suplicarle de qui adelante hable por mí para decir algo de las que quedan, de manera que lo entendáis, porque comienzan ser cosas supernaturales, y es dificultosísimo de dar a entender, ...
Castillo Interior, o Las Moradas
Las Moradas Cuatro, i

38.
Como ya estas moradas se llegan más adonde está el Rey es grande su hermosura, y hay cosas tan delicadas que ver y que entender, que el entendimiento no es capaz para poder dar traza cómo se diga siquiera algo que venga tan al justo que no quede bien oscuro para los que no tienen experiencia, ...

Original
Como ya estas moradas se llegan más adonde está el Rey es grande su hermosura, y hay cosas tan delicadas que ver y que entender, que el entendimiento no es capaz para poder dar traza cómo se diga siquiera algo que venga tan al justo que no quede bien oscuro para los que no tienen experiencia, que quien la tiene muy bien lo entenderá, en especial si es mucha
Moradas Cuartas, i

39.
¡Oh, hermanas!, ¿cómo os podría yo decir la riqueza y tesoros y deleites que hay en las quintas moradas? Creo fuera mejor no decir nada de las que faltan, pues no se ha de saber decir, ni el entendimiento lo sabe entender, ni las comparaciones puedes servir de declararlo, porque son muy bajas las cosas de la tierra para este fin.

Original
¡Oh, hermanas!, ¿cómo os podría yo decir la riqueza y tesoros y deleites que hay en las quintas moradas? Creo fuera mejor no decir nada de las que faltan, pues no se ha de saber decir, ni el entendimiento lo sabe entender, ni las comparaciones puedes servir de declararlo, porque son muy bajas las cosas de la tierra para este fin.
Moradas Quintas, i

40.
Pues vengamos, con el favor del Espíritu Santo, a hablar en las sextas moradas, adonde el alma ya queda herida del amor del Esposo y procura más lugar para estar sola y quitar todo lo que puede conforme a su estado, que la puede estorbar de esta soledad.

Original
Pues vengamos, con el favor del Espíritu Santo, a hablar en las sestas moradas, adonde el alma ya queda herida del amor del Esposo y procura más lugar para estar sola y quitar todo lo que puede conforme a su estado, que la puede estorbar de esta soledad.
Moradas Sestas, i

41.
Pues la grandeza de Dios no tiene término, tampoco le terminan sus obras. ¿Quién acabará de contar sus misericordias y grandezas?

¡Oh, gran Dios!, parece que tiembla una criatura tan miserable como yo tratar en cosa tan ajena de lo que merezco entender.

Original
Pues la grandeza de Dios no tiene término, tampoco le ternán sus obras. ¿Quién acabará de contar sus misericordias y grandezas? 392

¡Oh, gran Dios!, parece que tiembla una criatura tan miserable como yo tratar en cosa tan ajena de lo que merezco entender.
Moradas Sétimas, i

42.
Acá (en el cuarto grado de oración) no hay sentir, sino gozar sin entender lo que se goza.

Original
Acá no hay sentir, sino gozar sin entender lo que se goza.
Libro de la Vida, XVIII

43.
Si quieres proceder en el sendero y subir a los lugares que le anhelo, la cosa importante es de no pensar tanto, pero amar mucho, y hace lo que le despierta el amor.

Original
Xxx
xxx
Castillo Interior, o Las Moradas
Las Moradas Cuartos, IV

"Si quieres proceder en el sendero y subir a los lugares que le anhelo, la cosa importante es de no pensar tanto, pero amar mucho, y hace lo que le despierta el amor.'

Castillo Interior, o Las Moradas
Las Moradas Cuartos, i.7

44.
¿Para qué pensáis, hijas, que he pretendido declarar el fin y mostrar el premio ante de la batalla, con deciros el bien que trae consigo llegar a beber de esta fuente celestial, de esta agua viva? Para que no os congojéis del trabajo y contradicción que hay en el camino, y vayáis con ánimo y no os canséis; porque –como he dicho- podrá ser que, después de llegadas, que no os falta sino bajaros a beber en la fuente, lo dejéis todo y perdáis este bien, pensando no tendréis fuerza para llagar a él y que no sois para ello.

Original
¿Para qué pensáis, hijas, que he pretendido declarar el fin y mostrar el premio ante de la batalla, con deciros el bien que trae consigo llegar a beber de esta fuente celestial, de esta agua viva? Para que no os congojéis del trabajo y contradicción que hay en el camino, y vayáis con ánimo y no os canséis; porque –como he dicho- podrá ser que, después de llegadas, que no os falta sino bajaros a beber en la fuente, lo dejéis todo y perdáis este bien, pensando no tendréis fuerza para llagar a él y que no sois para ello.
Camino de Perfección, XIX

45.
... dije que tenía el Señor diferentes caminos por donde iban a Él, así como había muchas moradas. Así lo torno ahora a decir; porque, como entendió Su Majestad nuestra flaqueza, proveyó como quien es. Mas no dijo: «por este camino vengan unos y por éste otros»; antes fue tan grande su misericordia, que a nadie quitó procurarse venir a esta fuente de vida a beber. ¡Bendito sea por siempre, y con cuánta razón me lo quitara a mí!

Original
... dije que tenía el Señor diferentes caminos por donde iban a Él, así como había muchas moradas. Así lo torno ahora a decir; porque, como entendió Su Majestad nuestra flaqueza, proveyó como quien es. Mas no dijo: «por este camino vengan unos y por éste otros»; antes fue tan grande su misericordia, que a nadie quitó procurarse venir a esta fuente de vida a beber. ¡Bendito sea por siempre, y con cuánta razón me lo quitara a mí!
Camino de Perfección, XX

46.

- tratemos un poco de cómo se ha de principiar esta jornada, porque es lo que más importa; digo que importa el todo para todo. No digo que quien no tuviere la determinación que aquí diré le deje de comenzar, porque el Señor le irá perfeccionando; y cuando no hiciese más de dar un paso, tiene en sí tanta virtud, que no haya miedo lo pierda ni le deje de ser muy bien pagado.

Original
- tratemos un poco de cómo se ha de principiar esta jornada, porque es lo que más importa; digo que importa el todo para todo. No digo que quien no tuviere la determinación que aquí diré le deje de comenzar, porque el Señor le irá perfeccionando; y cuando no hiciese más de dar un paso, tiene en sí tanta virtud, que no haya miedo lo pierda ni le deje de ser muy bien pagado.
Camino de Perfección, XX

47. Pensamiento Final

Quizá no sabemos qué es amar, y no me espantaré mucho, porque no está en el mayor gusto, sino en la mayor determinación de desear contentar en todo a Dios y procurar, en cuanto pudiéremos, no le ofender, y rogarle que vaya siempre adelante de honra y la gloria de su Hijo.

Original
Quizá no sabemos qué es amar, y no me espantaré mucho, porque no está en el mayor gusto, sino en la mayor determinación de desear contentar en todo a Dios y procurar, en cuanto pudiéremos, no le ofender, y rogarle que vaya siempre adelante de honra y la gloria de su Hijo.
Castillo Interior, o Las Moradas
Moradas Cuartas, i

Made in the USA
Columbia, SC
19 August 2022